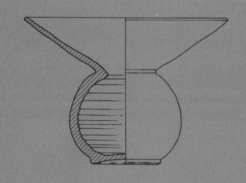

考古·古港

上海博物馆 编

上海青龙镇的发掘与发现

上海古籍出版社

目录

图 1 青龙塔

青龙镇的历史及考古发现的意义

陈杰

青龙镇位于今上海市青浦区白鹤镇。现在能在地面上看到最显著的古迹就是所谓的"青龙塔"（图1）。关于青龙塔的来历，光绪《青浦县志》等记载详细，它原为清代吉云禅寺的寺塔，这个寺名是康熙皇帝南巡时敕赐的。县志记载："吉云禅寺……本名隆福，唐天宝二年建，长庆中建塔。"元代，当地名人任仁发曾经捐资修葺，对于此事杨维桢曾经撰写有《重修隆福寺记》，以后明代、清代该寺又经多次修建。而上海最早的地方志——南宋《绍熙云间志》又称："隆福寺，在青龙镇，元名报德寺，唐长庆元年造。"现存的青龙塔为砖木结构的楼阁式佛塔，平面呈八角形，共有七层，残存塔身高约30米。1956年，因台风将塔刹吹倒，刹上宝瓶等随之落下。宝瓶为紫铜铸葫芦状，上有"明崇祯十七年三月铸"等字，现存于青浦区博物馆。由于长期失修，现存青龙塔的腰檐、平座、外檐、斗栱、木枋和塔内的楼板与扶梯等均已朽蚀。虽然，文献中关于

青龙塔及其寺院始建的具体年代不甚明确，但都将其历史上溯至了唐代，而现存古塔也基本保存了宋代建筑的风格。因此，古塔虽已残破，但它却成为了追忆昔日青龙古镇盛极一时的标志性建筑，这大概也是后人称之为"青龙寺"的原因吧。

根据文献记载，青龙镇兴起于唐代、鼎盛于宋代。正德《松江府志》曾记载云："青龙镇在青龙江上，天宝五年置。"唐天宝五年即公元746年，这一时间比上海地区最早的县治华亭县的建立（天宝十年）还要早5年。对于这一说法，著名的历史地理学家邹逸麟先生曾经提出异议，他认为宋元时代的典籍都没有明确说青龙镇置于何时，而明代地方志也比较混乱，所以天宝五年置镇的说法难以成立。

虽然，关于青龙镇建镇的确切时间，至今我们无法找到一个明确的说法，但是至少到了北宋，青龙镇已经成为上海地区重要的市镇。成书于北宋元丰年间（1078~1085）的地理书籍《元丰九域志》、《吴郡图经续记》都已经有"青龙镇"的记载。《吴郡图经续记》

熙宁十年（1077）各海港商税额			
序号	港口	所属州	税额
1	杭州城		82173 贯 228 文
2	福州城		38400 贯 512 文
3	广州城		37308 贯 229 文
4	温州城		25391 贯 6 文
5	明州城		20220 贯 500 文
6	泉州城		19939 贯 353 文
7	青龙镇	秀州	15879 贯 403 文
8	华亭县城	秀州	10618 贯 671 文
9	板桥镇	密州	3912 贯 78 文
10	澉浦镇	秀州	1819 贯 476 文

图 2　熙宁十年各海港商税额

卷中云："今观松江正流下吴江县，过甫里，经华亭，入青龙镇，海商之所凑集也。《图经》云：松江东写海曰沪渎，亦曰沪海。今青龙镇旁有沪渎村是也。"留存在文献中的宋代诗词歌赋、碑记题名中也大量地以青龙镇称之。如《福善寺铸钟记》曾记录信徒曾捐资福善寺铸造铜钟，"天圣二年，乃命青龙镇巡检侍禁太原王公继赟莅而铸之"（《绍熙云间志》卷下）。而且进入北宋以后，青龙镇经济地位已十分显著。比如根据《宋会要辑稿·食货》记载，北宋熙宁十年（1077）青龙镇的商税额为 15879 贯 403 文，在秀州 9 个税场中收入中仅次于州城的 27452 贯 640 文，是华亭县的 1.5 倍，即使是在全国的州府一级也属于中上等（图2）。由此可见，青龙镇是秀州地区商业最繁荣的一个市镇。

青龙镇经济地位的提高，很大程度上与海上贸易的兴起有着密切关系。唐宋时期，由于战火不断，陆上丝绸之路被阻断，同时，伴随着中国经济中心的南移，海上丝绸之路成为我国对外交往的主要通道。青龙镇地处南北海路交通要冲，又有吴淞江、长江沟通内陆，因此成为海船的必经之地。唐大中元年（847），日本僧人圆仁曾记述他搭乘回国的海船就是从当时"苏州松江口"启航"发往日本国"的（圆仁：《入唐求法巡礼行记》）。松江即是吴淞江，当时"吴淞古江，故道深广，可敌千浦"，是太湖地区最主要的航运水路（归有光：《三吴水利录·郏乔书》）。这个苏州松江口很可能就是青龙镇所在地。

上海青龙镇的发掘与发现　考古·古港

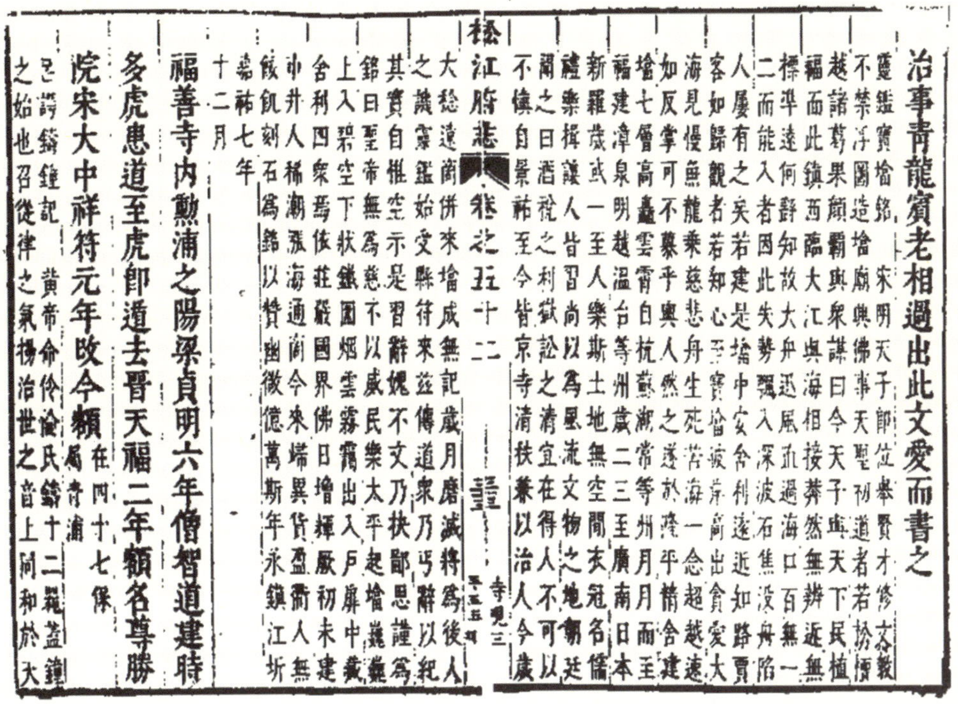
治事青龍賓老相過出此文愛而書之
靈鑑寶塔銘 宋明天子即位舉賢才修文教
不禁浮圖造塔廟興佛事天聖初道者若捨情
越諸蓄果顏覇與衆謀曰今天子興天下民植
福而此鎮西臨大江與海相接莽然無辨近無
標準遠何辯知故大舟迅風孔過海口百無一
二而能入者因此失勢飄入深波石焦没舟陷
人屢有之矣若建是塔中安舍利遠近知路賈
客知歸觀者若知心至實皆歲岸商出貪變大
海見優無龍乘慈悲舟生死苦海一念超越遠
如反掌可不慕乎興人然之遂於是平措舍建
塔七層高矗雲霄自杭蘇湖常等州月月而至
福建漳泉明越温台等州歲二三至廣南日本
新羅歲或一至人樂斯土地無空間衣冠名儒
禮樂揖讓人皆習尚以爲風流文物之地朝廷
閭之日酒稅之利獄訟之清宜在得人不可以
不慎自景祐至今皆京寺清秩兼以治人今歲
松江府志卷之五十二 寺觀三
大稔遠商併來塔成無記歲月磨滅將爲後人
之識霖鑑始受縣符來茲傳道衆乃弓辭以紀
其實自惟空示是習辭媿不文乃扶郎思謹爲
銘曰聖帝無爲慈不以威民樂太平起塔巍巍
上入碧空下狀鐵圍烟雲霧靄出入戶扉中藏
舍利四衆爲依莊嚴國界佛日增輝厥初未建
市井人稀潮孤海通商今來端異貨盈需人無
飯飢刻石爲銘以贊幽徵億萬斯年永鎮江圻
嘉祐七年
十二月
福善寺內勲浦之陽梁貞明六年僧智道建時
多虎患道至虎即遁去晉天福二年額名尊勝
院宋大中祥符元年改今額 在四十七保 屬青浦
呂詩翁鐘記 黄帝命伶倫氏鑄十二鐘盖鐘
之始也召從律之氣揚治世之音上同和於大

图 3 崇祯《松江府志》

正是由于占据了“控江而淮浙辐辏，连海而闽楚交通”的地理优势，青龙镇逐渐发展成为海上贸易商贩的聚集之地。上述引用的《吴郡图经续记》中就提到了青龙镇是海上商船聚集的地方，这说明至北宋年间青龙镇海上贸易已经十分发达了。《绍熙云间志》也有“青龙镇去县五十四里，居松江之阴，海商辐凑之所”的记载。这些文献都证明了青龙镇作为上海地区最早的对外贸易港口的地位。据嘉祐七年（1062）所刻的《灵鉴宝塔铭》载“自杭、苏、湖、常等州月（日）而至，福、建、漳、泉、明、越、温、台等州岁二三至，广南、日本、新罗岁或一至”（崇祯《松江府志》）（图3）。

为适应经济发展的需要，北宋景祐年间（1034~1037），政府在青龙镇设文臣理镇事（《绍熙云间志》卷上）。随着对外贸易的兴盛，北宋政和三年（1113）在青龙镇所属的秀州华亭县设置了管理对外贸易的市舶务，为设置在杭州的两浙市舶司下属的分支机构。市舶务主要职责有抽解和博买两种职能。抽解即是对外商舶船货物抽实物税；博买就是由政府对外商舶船货物中禁榷之物全部收购，再由政府将其中部分商品卖给商人（专卖）。由于青龙镇“往来通快，物货兴盛”，南宋建炎四年（1130）两浙市舶刘无极建议将华亭县市舶务移至青龙镇。绍兴三年（1133）青龙镇单独设立市舶务，隶属于两浙市舶司，并立的还有临安府、明州、温州、秀州华亭四务（《宋会要辑稿·职官》）。

海上贸易的兴盛促进了青龙镇市镇文化的繁荣。北宋陈林在《隆平寺经藏记》中称"青龙镇瞰松江之上，据沪渎之口，岛夷闽粤交广之途所自出，风樯浪楫，朝夕上下，富商巨贾、豪宗右姓之所会"（《绍熙云间志》卷下）。南宋迪功郎应熙所作《青龙赋》（链接：青龙赋）也大量描绘了当时青龙镇的盛况："粤有巨镇，其名青龙。……市廛杂夷夏之人，宝货富东南之物……"夷夏之人当指来往青龙镇的中外商客，东南之物则介绍了青龙镇的货物来源，它们主要来自中国东南沿海甚至东南亚地区（万历《青浦县志》卷七）。商业经济的发展也使青龙镇的市镇规模逐渐扩大，出现了"人乐斯土，地无空闲"的繁华景象。《青龙赋》还提及了许多青龙镇的重要建筑，有岳祠、镇学、龙江楼、四宜楼、胜果寺、圆通寺、西江市、圣母池、观音殿等，这些建筑雄伟绮丽，所谓"阛阓繁华，触目而无穷春色。宝塔悬螭，亭台驾霓。台殿光如蓬府，园林宛若桃溪。俪梵宫于南北，丽琳宇于东西"。明代弘治《上海志》中，根据北宋诗人梅尧臣所撰《青龙杂志》一书，记载青龙镇有三十六坊、二十二桥，可惜该书已经佚失，使我们无法具体了解当时青龙镇的市镇布局情况。以后正德《松江府志》、崇祯《松江府志》、万历《青浦县志》等多从此说而略有差异。后来，光绪《青浦县志》又对青龙镇的市镇布局进行了补充，认为当时它有"三亭、七塔、十三寺，烟火万家，谓之小杭州"。

链接 —————— 青龙赋　应熙

粤有巨镇，其名青龙。控江而淮浙辐辏，连海而闽楚交通。平分昆岫之蟾光，夜猿啼古木；占得华亭之秀色，晓鹤唳清风，咫尺天光，依稀日域。市廛杂夷夏之人，宝货富东南之物。讴歌嘹亮，开颜而莫尽欢欣；阛阓繁华，触目而无穷春色。宝塔悬螭，亭台驾霓。台殿光如蓬府，园林宛若桃溪。俪梵宫于南北，丽琳宇于东西。绮罗簇三岛神仙，香车争逐；冠盖盛五陵才子，玉勒频嘶。杏脸舒霞，柳腰舞翠。龙舟极海内之盛，佛阁为天下之雄。腾蛟踞虎，岳祠显七十二司之灵神；阙里观书，镇学列三千余名之学士。龙江楼、四宜楼，随目寓以得景；胜果寺、圆通寺，遣俗虑以忘忧。传王叟之升仙，土台犹在；着沈光之显迹，石刻堪求。至若亭纳薰风，轩留皓月，千株桂子欺龙麝，万树梅花傲雪霜。观汹涌江潮之势，浪若倾山；寻芳菲野景之奇，花如泼血。风帆乍泊，酒旆频招。醉豪商于紫陌，殢美女于红绡。凝眸绿野桥边，几多风景；回首西江市上，无限逍遥。奇哉圣母池，异矣观音殿。曾闻二圣之感应，曾卫高皇之危急。猗欤美哉！惟此人杰而地灵，诚非他方之可及。（引自万历《青浦县志》卷七《词赋》）

青龙镇也是人文荟萃的文化名镇，许多文人墨客曾在此游历、生活，所谓"惟此人杰而地灵，诚非他方之可及"。北宋书画家米芾曾经在元丰五年（1082）担任过青龙镇的监镇，上文提到的《隆平寺经藏记》就是由米芾在"治事青龙"时书写的。北宋诗人梅尧臣因为叔父梅询做苏州知府，内侄谢景温（字师直）任华亭知县等原因，经常往来青龙镇，除了著有《青龙杂志》外，他还留下了《青龙海上观潮》、《逢谢师直》、《回自青龙呈谢师直》等诗作。北宋时期，到过青龙镇的名士还有李行中、苏轼、秦观、张先等。其中，李行中晚年隐居于青龙镇，筑有"醉眠亭"，苏轼曾为之题名。熙宁年间，李行中与苏轼、苏辙等人以醉眠亭为主题相互唱和，留下许多诗文佳作。及至元代，与青龙镇相关的文人有赵孟頫、钱惟善、陶宗仪等，而元代著名的书画家、水利专家任仁发就是青龙镇人。

然而，斗转星移，南宋末年，由于吴淞江日益淤塞，往来海船已不能溯吴淞江驶入青龙镇港口，其港口功能逐渐被后起的上海镇所代替，曾经繁华的青龙镇风光不再。虽然，明嘉靖二十一年（1542），政府曾将青浦县治设在青龙镇，但由于青龙镇"僻在偏陬"，10余年后就被废弃，青龙镇更见衰落。以至于万历五年（1577），当时的青浦县令屠隆走访青龙镇时，目睹旧镇的衰败，有感而发，留下了"昔号鸣驹里，今为牧豕场；田夫耕旧县，山鼠过颓墙"的诗句（光绪《青浦县志》）。明代以后，由于丧失了贸易港口之利，青龙镇日渐萧条，至今，只有矗立的青龙古塔尚能依稀可见旧时风貌。

二

鉴于青龙镇遗址在上海历史和海上丝绸之路研究的重要意义，为了解青龙镇遗址的文化内涵、市镇布局，2010年上海博物馆考古研究部将青龙镇遗址的考古工作纳入大遗址考古规划中。2010~2016年，我们对该遗址进行了长期的考古勘探和发掘工作，前后三次进行了考古发掘，历年共发掘4000余平方米。通过考古发掘，共发现建筑基址8处、灰坑144个、灰沟28条、墓葬4座、水井69口、炉灶7个、铸造作坊1处、佛塔遗迹1处，出土了大量的瓷器、建筑构件等遗物，考古工作取得了丰硕的成果。

建筑基址多为砖砌房屋，主要有唐代和宋代两个时期。F5为唐代房址，平面呈长方形，发掘部分东西长9.26、南北宽4.26米。房基以素面青砖平砌，南部、北部房基均残，西部残存2层墙基。在墙基的西北角发现2块方形石板，表面打凿粗糙，在南部墙基中部也发现1块，规格与前相同，应为磉墩。在房基下发现有基槽。房址中南部还有灶坑，平面呈圆形，坑壁为青灰色的烧结面，应是经过长期使用形成（图4）。F6为宋代房址，残留部分房基隔墙和挡墙，房址平面呈长方形，坐东朝西，面阔四间，长14米，进深一间，宽4.6米。房基外有一周回廊，西侧回廊还残存4块磉皮石（图5）。

灰坑为先民活动中遗留下来的坑状遗迹，有的是垃圾坑，有的是储藏坑，有的是蓄水坑，深浅、性状、功能不一。灰沟应该为当时的河沟水渠。这两类遗迹数量众多，在此不再细述。

图4　唐代房屋基址 F5

水井是人类开发和利用地下水资源的主要设施，先民们聚井而居，共井为邻，因此"井"成为中国古代村落、乡间的代名词，中国古代成语也有"背井离乡"的说法。同时，村庄、城镇中的水井还是公共生活空间，家家户户都要到井边汲水，并经常在井旁相遇，于是便将货物带到井边上进行交易，久而久之便形成了"处商必就市井"的风俗。青龙镇遗址发现的水井多以砖砌为主。以唐代水井 J21 为例进行说明，井口平面呈圆形，井身上部呈上大下小的漏斗状，下部笔直，直径 0.7、深 4.5 米（图6）。井壁用小青砖错缝竖砌，磨砖对缝，对接处用榫卯套合。在井壁的一些砖面上还可以见到拍印的手印纹（图7）。井内出土有唐代鹦鹉衔枝绶带纹铜镜、

图6　唐代砖井 J21

图 5　宋代房屋基址 F6

图 7　J21 井砖上的手印纹

图 8　J21 唐鹦鹉衔枝绶带纹铜镜

图9 陶范及炉渣堆积

图10 陶范标本

图11 陶范残块

铁釜、铁提梁鼎、铁钩、银簪、青釉罐、木雕饰件等遗物（图8）。

铸造作坊平面呈带状分布，南北长约14、东西宽约3米，4个火炉呈南北直线排列，火炉周围则堆积着大量的陶范、红烧土块、耐火砖、炉渣、灰烬等（图9~11）。根据采集的部分铁渣初步判断可能为铸铁作坊（图12）。

佛塔塔基即隆平寺塔塔基，它是上海地区第一次由考古勘探发现并发掘的佛塔遗迹。据文献记载，隆平寺塔始建于北宋天圣年间（1023~1032），为七级佛塔。本次发掘仅发现了隆平寺塔残存的塔基部分。由于保留了散水、角柱、副阶铺装莲花柱础、倚柱、壶门等塔基的关键部分，为复原隆平寺塔平面结构提供了重要线索。发掘显示，隆平寺塔基平面呈八角形，散水直径21.7米，副阶直径14.23米，塔身直径8.9米，壶道宽1.28米。塔心室为正方形，边长4.5米（图13）。为了解塔基的建造过程和工艺特点，我们对塔心室及外围进行了局部解剖，明确了佛塔塔基的建筑过程。在塔基中，我们还发现了保存完整的北宋时期的地宫，地宫似佛塔造型，底部有收腰的须弥座，上口以4层青砖平铺收顶，南北两侧出檐，顶部有梯形的压顶石，地宫东、南、西三面有火焰状壶门。地宫内出土了一万余枚各个时代的钱币、2座阿育王塔、释迦摩尼涅槃像、舍利及各种佛教法器。本书将有专文介绍隆平寺塔塔基的相关发掘和发现，本文不再赘述。

图 12　唐代铸造作坊遗迹

图 13　隆平寺塔基航拍图

回顾历史，六年来青龙镇遗址考古发现的重要意义在于：

1. 基本弄清了青龙镇的市镇布局特征，激活了文献中关于青龙镇历史的模糊记载。

2010 年以来，上海博物馆对遗址进行了多次大面积考古勘探工作，勘探涉及面积约 25 平方公里，主要勘探面积约 140 万平方米。通过勘探基本摸清了青龙镇遗址的范围与地层堆积情况。青龙镇遗址主要沿着吴淞江支流——通波塘两岸分布，南北长约 3 公里，东西最宽处 1 公里，窄处仅有 400 米，

距河道越近，文化层堆积越丰富，总面积约 2 平方公里。遗址沿河分布的特征，体现了江南水乡市镇布局的特点。勘探显示，宋代青龙镇的范围比唐代更大，并且更靠近古吴淞江，这与文献中青龙镇形成于唐代、鼎盛在宋代的记载相符。

历年的发掘还发现了房基、水井、炉灶、铸造作坊、灰坑、河埠头、墓葬等大量遗迹，为复原青龙镇市镇布局提供了重要资料。特别是近期发现的佛塔遗迹与文献记载的"隆平寺塔"相吻合，它属于当时青龙镇的"北寺"——隆平寺。隆平寺塔与现存的"南寺"

图 14　唐代瓷片堆 CD1

的青龙塔一起构成了复原青龙镇布局南北区域的两个关键性地标。

2. 大量的贸易陶瓷及相关遗迹，确证了青龙镇是唐宋时期海上丝绸之路的重要港口之一。

青龙镇遗址历年考古发现了瓷片堆、河埠头、大量的瓷片等与航运和贸易相关的遗存和遗物。瓷片堆 CD1 位于通波塘河岸西侧，属于唐代遗存（图14）。堆积平面略呈长条形，与河岸平行，总面积约 50 平方米，最厚处约 0.6 米。瓷片堆出土了 600 余件可复原瓷器及大量的碎瓷片，器形以碗为主，另有壶、钵、罐等，瓷器窑口主要为德清窑、越窑和长沙窑。瓷片堆出土瓷器大多没有使

用痕迹，而且堆积非常密集，可能是货物运输途中丢弃的破损瓷器。河埠头遗迹为考古勘探过程中发现，西距今通波塘河岸 12 米，勘探显示遗迹正处于古代通波塘的岸线上。河埠头为木构遗迹，平面由纵横交错的木板平铺而成，木板下有木桩支撑。

青龙镇遗址历年发掘出土了数十万片碎瓷片，其中经过拼对可复原瓷器约 6000 余件，它们大多数是来自福建、浙江、江西、湖南等南方窑口的产品（图15）。唐代以越窑、德清窑、长沙窑为主，主要器形有碗、盏、罐、壶、盂、洗等。至宋代渐转为以福建窑口、浙江龙泉窑、江西景德镇窑等为主，主要器形有碗、盏、罐、壶、盏托、炉、瓶、盂、洗等。其中福建窑口瓷器的种类最多，

图 15　青龙镇遗址出土部分可复原瓷器

主要为闽江流域的产品，共计有 20 余个窑口，其中以闽清窑、东张窑、磁灶窑、同安窑、建窑、浦口窑、遇林亭窑、怀安窑等窑口为主。据文献记载，青龙镇海上贸易十分繁盛，"自杭、苏、湖、常等州月日而至，福、建、漳、泉、明、越、温、台等州岁二三至，广南、日本、新罗岁或一至"。青龙镇遗址考古出土的瓷器数量巨大，窑口丰富，且与目前朝鲜半岛和日本考古发现的器物组合十分相似，考古发现与文献相印证，证明了青龙镇是海上丝绸之路重要的贸易港口之一。

新发现的隆平寺塔除了佛塔功能外，更重要的是作为当时的航标塔。文献记载，北宋时期青龙镇港口江面太宽，"与海相接，茫然无辨"，很多商船无法入港，因此有人

建议"若建是塔……远近知路，贾客如归"。因此，隆平寺塔的发现也是青龙镇作为贸易港口的重要实证。

3. 历年出土的各类文物，是反映唐宋时期青龙镇市民生活的重要资料。

唐宋时期的青龙镇，被誉为"衣冠名儒，礼乐揖让，人皆习尚，以为文物风流之地"（《隆平寺宝塔铭》）。青龙镇历年考古发掘出土的遗物也为我们窥见当时的市民生活提供了重要线索。贸易发展势必提升整体的社会经济水平，以上述介绍的唐代水井J21 为例，它出土有 3 面鹦鹉衔枝绶带纹铜镜及铁鼎、银箸、银折股钗、瓷器等文物，它们反映了当时青龙镇居民富庶的社会生

图 16　碾轮

图 17　碾槽

图 18　陶童子像

图 19　青釉狗塑

活。青龙镇遗址出土的大量瓷器中也有部分是体现当地市民习俗的遗物，其中发现了一批宋代碾轮、碾槽及大量的茶盏等茶具，它们当与宋代饮茶之风盛行有着密切关系（图16、17）。遗址中还出土了多件陶瓷类的玩偶，有童子像、青釉狗塑，颇富童趣（图18、19）。这些生活化的器物，反映了当时青龙镇人口繁盛、文化昌盛的情形，也使得已经逝去的历史逐渐鲜活和丰满起来。

新发现的隆平寺塔基及地宫则反映了北宋时期青龙镇民间佛教信仰世俗化的特点。因青龙镇是港口，"方其行者蹈风涛万里之虞，怃生死一时之命"，所以事佛尤盛（《隆平寺经藏记》）。考古发现的隆平寺塔基，出土了大量的砖、瓦等建筑构件。多数砖上有模印或朱书文字，为佛教信徒舍砖多少片等字样，证明该塔为当地百姓集资兴建。地宫中出土遗物也多与信徒供奉相关，多重套函最后一重银棺盖上即錾刻有"秀州嘉兴县

五福乡令寄华亭县青龙镇西浦居住弟子徐函贵妻唐八娘为在堂母亲曹十四娘子舍"的铭文。因此，隆平寺塔的建造风格和地宫中的供养品体现了北宋时期民间佛教信仰的传播与发展，也反映了当地佛事的兴盛。此外，隆平寺塔保存了北宋时期完整的地宫，它的发现为研究当时的舍利瘗埋制度提供了重要材料。佛教传入中土以后，舍利瘗埋逐渐与中国的墓葬习俗结合起来。隆平寺塔地宫出土的释迦牟尼涅槃像盛装于四重套函内，体现了传统墓葬习俗对于舍利瘗埋方式的影响。地宫出土有印、砚、钗、簪、匙等，与上海地区宋墓出土器物多有相似，反映了佛教世俗化的情形。

回望来路，迄今为止的考古工作已经为探索青龙镇的历史揭开了冰山一角，不忘初心，青龙镇考古和遗址保护将是一项长期的工作，坚持、付出必将获得更大的收获。

青龙镇遗址考古发掘记

何继英

图1 上海青龙镇遗址位置图

青龙镇（**链接：青龙镇名称的由来**）位于上海市境西部青浦区白鹤镇东北，重固镇以北，它的中心区域在今天的白鹤镇青龙村、塘湾村，俗称"旧青浦"（**图1**）。想去青龙镇看看，最简单的出行路线便是乘地铁二号线至徐泾东（终点站），从9号口出站后，直接换乘公交白徐线（徐泾到白鹤），到旧青浦站下车。下车后，面南可看到一座塔——这就是青龙塔（**图2**），它是青龙镇的标志，沿着老通波塘旁的乡间小路步行约十分钟就到了。走进青龙镇，你会发现，这里农田遍野，草木繁盛，鸡鸣狗叫，不时炊烟缭绕。你还会不解，家家住进二、三层的楼房，但院子里皆有马桶和水井，还堆有捆扎整齐的烧灶柴火。每天早上有专人用车将马桶拉走，然后洗刷干净再送回。节俭了一辈子的农民，宁愿将抽水马桶和煤气灶闲置，依然用井水洗刷、柴火灶烧饭。这里是上海一个再普通不过，甚至有点落伍的小村落，只有流淌千年的通波塘，千年不倒的青龙塔，似乎在无声诉说着昔日的辉煌（**图3、4**）。

图 2　青龙塔

图 3　当地洗马桶的习俗

图 4　章埝村老街

链接 ———————— **青龙镇名称的由来**

目前发现最早记载青龙镇的历史文献是成书于北宋元丰三年的《元丰九域志》，卷五"两浙路"中提到"华亭……青龙一镇"。

说到青龙镇名称的由来，还是颇有纪念意义的，同历史上著名的赤壁之战相关联。据《吴郡图经续记》载：相传三国时期，青龙镇一带属东吴辖区，公元200年，孙权在其兄孙策死后，基本控制了江东的局面，为稳固自己的势力，他凭借长江之险，大练水兵，准备抵抗北方的曹操。公元208年，孙权大造青龙战舰，命周瑜、程普各领万人与刘备遇于赤壁，大破曹军，遂识武功因名，从此奠定了三国鼎立的局势。其地为青龙江，或称"龙江"。唐天宝五年（746），在此建镇，遂称青龙镇。又《三国志·吴书·贺齐传》记载：孙权所造战舰"雕刻丹镂，青盖绛襜……蒙冲（冲锋舰）、斗舰（主力舰）之属，望之若山"。北周庾信曾在《哀江南赋》中写道："排青龙之战舰，斗飞燕之船楼。"青龙作为威震四方的神兽，东吴孙权雄踞江东称雄，欲以青龙为标志建造青龙战舰也在情理之中。加上孙权的重臣顾雍、陆逊的封地辖区都在此，孙权将王牌战舰放在吴淞江畔是很可能的。

20 世纪 80 年代的考古清理追记
——留下幻想

1988 年 8 月，青龙村双浜生产队在开挖窑河时，先挖出了一些唐宋瓷碗、铁牛等遗物，引起青浦博物馆、上海博物馆的注意，不久，又发现了数口唐代水井，上海博物馆考古部闻讯对水井进行了清理。一眼水井中出土了 1 件精美的唐越窑莲花盏，一眼水井中出土了 2 件带有强烈异域风格的长沙窑执壶，其中 1 件是胡人乐伎贴花壶（图 5），青黄色釉莹润光洁，在口沿、颈、腹部施有褐彩，流和双系下粘贴身着胡服、隆目高鼻的胡人乐伎模印贴片，这些发现使我们上海考古人对青龙镇地下抱有了某种期待和遐想。近十多年上海博物馆考古研究部一直在青龙镇进行考古调查发掘的设想，直至 2010 年，带着上海历史考古中城镇发展、航运、对外贸易、吴淞江、沪渎（链接：沪渎）等相关学术课题，上海博物馆考古研究部按照大遗址（链接：大遗址）的要求，有计划、有步骤地对青龙镇遗址进行了考古勘探和局部发掘，算是万里长征迈开了第一步。六年来，共发掘面积近 4000 平方米，勘探面积约 140 万平方米。同时还对青龙镇进行了地毯式实地踏查、走访，犹如抽丝剥茧般，对青龙镇近千年的历史进行复原，还其唐宋时期的繁华。

2010 年考古发掘
——首战告捷

2010 年，上海博物馆考古研究部首次对青龙镇遗址进行了主动性发掘（链接：主动性考古发掘）。万事开头难，由于青龙镇的范

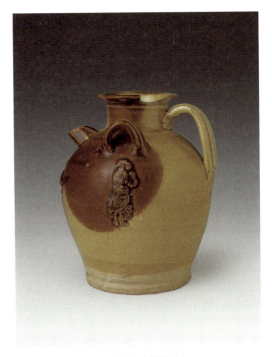

图 5　唐代长沙窑褐彩胡人乐伎贴花壶

围较大，一开始我们就严格按照大遗址考古发掘保护的思路规划，采用全面调查勘探与重点发掘相结合的方法。在实地调查与查阅文献资料的基础上，依据今天的胜新村及酒瓶山北临青龙江，任仁发家住青龙镇之东靠近艾祁浦，墓地在今重固新丰高家台，章粲为宋青龙镇人，居住在章堰，杏花村在宋青龙镇境内，初步划定青龙镇的范围：东北白鹤镇胜新村（L017~121）；东南重固新丰高家台（K001~113）；西北 A30 公路西侧、秀横路北侧杏花村；西南为重固镇章堰村，总面积约 25 平方公里。发掘整体名称为："2010 年上海市青浦区青龙镇考古发掘"，缩写为"2010SQQ"，其中 2010 为发掘时间，S 代表上海市，QQ 代表青浦区青龙镇。

——————————— **沪渎**

"沪渎"一词最早出现在南朝梁简文帝（550~551）萧纲撰写的《浮海石像铭》中：建兴元年（313）在吴郡娄县界，松江入海口的沪渎，几个渔民遥见海上有两个人像浮沉，认为是海神仙灵，便盛传开来。吴县华里的清信士朱膺等，乘船到沪渎口去迎接，将两座神像迎至苏州通元寺。此段记载写明沪渎为吴淞江的出海口。南朝顾野王《舆地志》称："插竹列海中，以绳编之，向岸张两翼，潮上而没，潮落而出，鱼蟹随潮碍竹不得去，名之曰扈。"晚唐诗人陆龟蒙在《渔具咏》序言解释说："网罟之流，列竹于海澨曰沪，吴之沪渎是也。"意思是说在海滨的浅滩上插列竹栅，以绳编结，向岸两翼张开，潮涨时淹没竹栅，潮落时鱼被阻于竹栅内，此种捕鱼工具古称"沪"。"渎"独也，独流入海也。吴淞江古无支流，故称"渎"。"沪渎"之称源于上海先民的捕鱼技艺，今天的上海简称"沪"，也是由此而来。这一古老渔具名竟演变成了一座现代化国际大都市的简称，真是绝妙至极！

——————————— **大遗址**

大遗址的重点特征在"大"字上，其集中表现在两方面：一是概念内涵应具备规模性、人类文明或地区文化现象的代表和重要历史时期或重大历史事件的标志三个特点；二是概念的外延部分，具备以上内涵特征的遗产地都可并入大遗址的概念中来，在许多大型遗产地中不同类型的遗存常以相互依存的形式出现。大遗址是反映中国古代历史各个发展阶段涉及政治、宗教、军事、科技、工业、农业、建筑、交通、水利等方面历史文化信息，具有规模宏大、价值重大、影响深远特点的大型聚落、城址、宫室、陵寝墓葬等遗址、遗址群及文化景观。大遗址是我们的祖先以大量人力营造，并长期从事各种活动的遗存，它体现着我国古代先民杰出的创造力，综合并直接体现了中华民族和中华文明的起源与发展，是构成中华5000多年文明史史迹的主体。

——————————— **主动性考古发掘**

我国的考古发掘分为主动性发掘和抢救性发掘两种。主动性发掘是指考古工作者根据科研计划向国家申报，经过国家文物局批准之后，针对各自的课题研究有计划、有目的地进行发掘。

考古信息数据库建立

发掘前，先在遗址中心的城市测绘地图的西南角选取一个点为基点，将25平方公里划分为150个大区；每个大区面积为400米×400米；每个大区内又划分5米×5米的探方（链接：考古探方、地层）6400个，并进行统一编号。这样就可以保证在如此大面积的范围内，不管以后发掘多少年，多少个探方，每个探方号都不会重复。即使发掘过的探方回填，若干年以后仍可以精确定位。大区先纵后横分别以英文大、小写字母组合命名，如第一个大区为Aa区，以此类推。探方命名则以西南点为基点，先纵后横分别以阿拉伯数字01~80组合，前面加上大区的名号，如大区Aa区的第一个探方号为AaT0101，其北边相邻的探方为AaT0201，其东边相邻探方则为AaT0102，以此类推（图6）。发掘过的建筑遗迹，在获取信息后即用彩条布及沙袋覆盖，然后回填，为将来大规模发掘保留完整的遗迹。青龙镇测绘时，用全站仪和GPS定位测量代替了考古发掘中长期使用的罗盘，可谓鸟枪换炮。

选点的重要——有的放矢

2010年的青龙镇考古发掘，是在对地下文化层几乎一无所知的情况下进行的主动性发掘，在如此大的范围内，选择发掘点如画龙点睛般重要。在明确第一次考古发掘的目标是初步框定青龙镇的大体范围后，采用考古调查和发掘相结合的方法，在多次实地踏查、走访、查阅文献资料，捕捉到一条条蛛丝马迹的基础上，抓住青龙塔和老通波塘这两根主线——青龙塔始建于唐代，是青龙镇的标志，老通波塘从唐代至今千年流淌不息，并结合江南民居多建在河道两岸、临水而居的特点。首次发掘，情况不明，只想小试牛刀，报批发掘面积300平方米，在有限的发掘面积内，采取鸡蛋不要放在一个篮子里的思路，采用广种薄收的方法多选点。故沿老通波塘两岸，由南到北，从青龙寺到青龙江，在南北长达2公里多的范围内，确定了青龙寺西北油叉宅基地块、出长沙窑胡舞执壶的老通波塘的窑河南北两岸（窑河地块）、纪白公路南农业公司地块（农业公司地块）、青龙江沿岸的仓桥地块四个大的区域（图7）。实际操作中，还要考虑到尽可能选择闲置的、赔偿青苗费用少一点的土地等，共布探方25个，发掘面积315平方米。令我们欣慰的是，苍天不负有心人，四个点获取了不同的信息，取得了令人满意的结果，首次发掘旗开得胜。刚进村时寻找住宿处的尴尬，听不懂上海青浦方言的遗憾，雨天徒步调查走在乡间小路、田埂上的泥泞的脚步，每天上下工往返四次两小时的步行，冰天雪地发掘、文物清理的艰辛等等都被收获的喜悦所取代，首次发掘成功了！青龙镇的野外发掘从2010年12月初持续到2011年1月底，后期田野发掘面临着严寒、霜冻与雨雪的不利条件，尽管如此，大家还是齐心协力尽量把工作做到最好。我们的工作也到得到了各方面的支持，当地乡民从不借给我们房子到主动帮我们提供适合的房源，在田野调查时积极提供线索，在土地征用上还得到当地村镇干部的积极配合。市文广局、文物局、博物馆领导不畏严寒，亲临工地考察，给我们很大的支持。正是这一切，促成了青龙镇首次考古的顺利完成，为日后的工作奠定了良好的基础。

住宿的尴尬——事在人为

俗语说：兵马未动，粮草先行，考古发掘也是一样，先要解决食宿问题。惯例多是借房居住，记得 11 月 30 号，青浦博物馆、村委会领导领着我们看房，先找了几家，房东一听只住两个月立马回绝了，或者是一楼肯借，二楼宁愿空着也不借。问陪同的村干部才知道，这里的习俗是二楼是自家住的，从不借给外地人，尽管村干部反复说我们是政府单位，来考古发掘的，他们还是不肯借，推托说没有空房。

恰巧我们参加青龙镇发掘的考古人员，都是外地人，当时感觉好悲哀，上海的城里人看不起外地人，连上海的乡下人也对外地人另眼相看，多说无用，只能让事实说话了。在借房无望之时，村委会的老王说鹤星村一户孙姓人家是刚造好的新房，可以去试试看，碰巧家中有老人，讲明借房事由后，老人打电话请他媳妇回来，协商后尽管开价稍高，也只好暂时住在他家，等打开局面村民了解了我们再说。窃喜的是我们租到了一、二两层，开了当地楼上房子不出租的先例。住下不到半个月，参加发掘的村民就纷纷给我们提供新的房源信息，还欢迎我们去他们家住，以后在发掘中我们可以挑选适合的房子了。

链接 ———————— 探方

把发掘区划分为若干相等的正方格，以方格为单位，分工发掘，这些正方格叫"探方"。通俗地讲，探方就是在平地上竖直向下挖一个正方形的土坑，但这个土坑不是随意乱挖的，先挖哪里，再挖哪里，要根据地层单位间的早晚关系来确定。有时根据具体情况或发掘的目的，可挖 10 米 ×10 米的探方或 2 米 ×10 米的探沟等多种形式。

链接 ———————— 地层

地层是考古发掘的依据。由于土质土色的不同而呈现出上下堆积的差异，这种差异是有早晚区别的。即早期的堆积在下，晚期的堆积在上。每一个时期的堆积土质土色都不同，出土文物也不相同。田野考古学就是要凭借带有时空坐标的实物资料构建起"历史的骨架"，供人们去复原历史，或复原历史的某一部分。

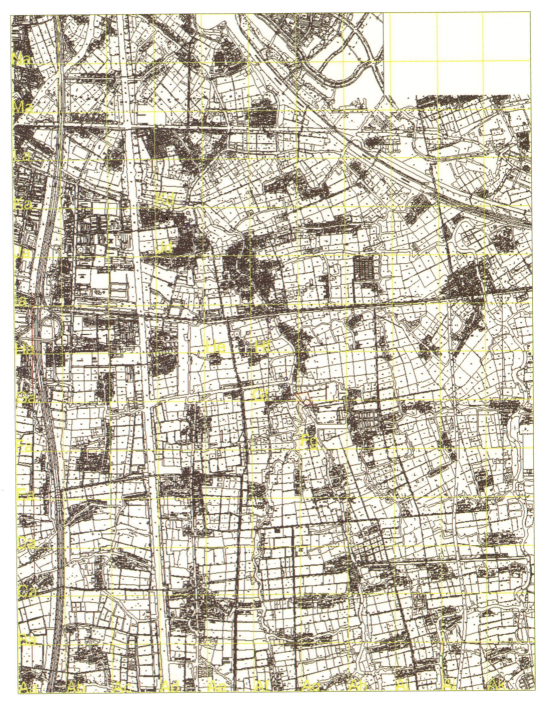

图 6　青龙镇遗址考古区域规划图

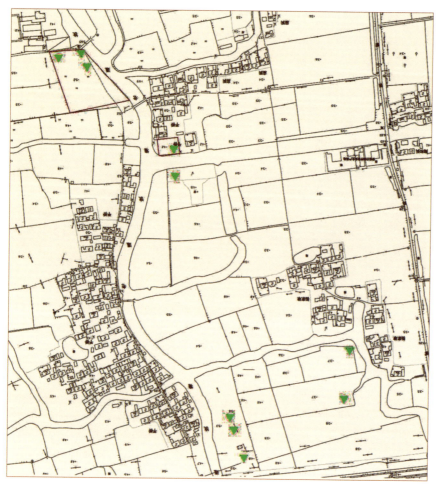

图 7　2010 年布方位置图

第一块发掘地——好事多磨

　　农业公司地块是 2010 年考古发掘最先确定的一块土地，也是当年发掘面积最大的地块，发掘面积 160 平方米。11 月 26 日，早饭后我们同青浦博物馆王辉副馆长、白鹤镇文体中心邵副主任直接到纪鹤公路老通波塘桥处。这里要发掘的土地归白鹤镇农业公司负责，公司的金老板已到，同他谈了计划发掘用地，金老板爽快地答应了，还说我们来得很巧，这块地月底前就要包出去了，正在谈合同事宜。现在从大局考虑，先支持我们考古，只是希望考古工作尽量在一个月内完成，如果我们继续用，农业公司就不包给别人了，如果不用，他再包出去。唯一的要求是考古发掘完成后，把挖出的土填回探方内。第一块地确定下来了，我们很开心，事情进行得这么顺利。谁料 12 月 1 日我们在布探方时，半路杀出个程咬金，过来就骂骂咧咧说我们布方的土地是他们塘湾村生产小组的地，包给了农业公司，他们才是土地的主人，没有他们的同意任何人不可以动

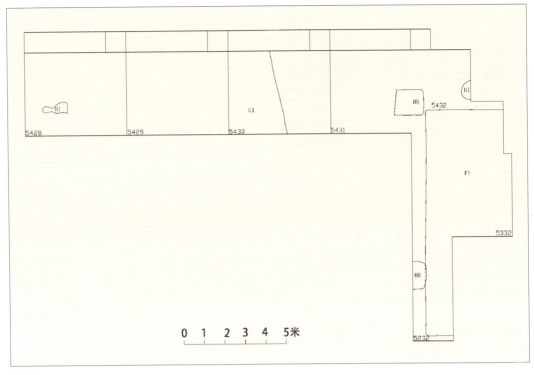

图 8　2010 年 Hf 区平面图

土。找来农业公司的负责人好声劝说也没用，不是对我们有意见，而是把承包土地时的矛盾、不满发泄到我们身上了。看他醉醺醺的，在劝说无效的情况下，我们只好退而求其次，换一块地。看到已经铲去稻杆、杂草的布好的 2 个探方，心里酸酸的，第一天的活算是白干了。转换的地在老通波塘以西的稻地里，重新布了 4 个探方，分别为 HfT5432、HfT4435、HfT5428、HfT3936。也就是在这个地块，发现了宋代房基 F1 和倒塌的砖墙基等（图 8）。

村民做考古——言传身教

考古工地上，考古专业人员和技工都非常有限，主要是找当地村民帮忙挖土。因此上海的考古发掘多放在每年的秋收以后，稻子收割完了，村民才有时间来干活。12 月 1 日，我们同白鹤镇文体中心的邵主任到青龙村村委会谈用工人数、日工资等，经同青龙村闵主任商定，请村上帮忙找人。闵主任说他已找了 10 多个人，全部男性，但岁数偏大。考虑到当地的实际情况，65 岁以下的留下，65 岁以上的除特殊情况外，原则上不作考虑。我们想要有相当于初高中文化的男壮劳力只能是奢望了。由于村民全是第一次参加考古工地的发掘，我们开始便严格要求，让他们首先明白考古发掘同挖土种地截然不同，必须按老师的要求做。具体到一个探方，四角钉有 4 个木楔，四围用基准线固定。挖

图9 考古勘探

四壁要修得像房屋的墙一样上下笔直，从上往下一铲挨一铲，还不能留下铲子痕迹，目的是看清楚地层；层面修整得要像家里的地面一样，也是一铲挨一铲，每铲15厘米左右，遇到或发现土色不一样及时叫老师过来看。下工时将探方周边清理干净，甚至早上、中午不许喝酒，探方内不许抽烟，上下班骑摩托车要注意行驶安全等。刚干了一二天，有人已经学会如何铲壁面了，并拿来了家里挖井的小平头锹，能做的像模像样，不得不佩服上海人的聪明。七年过去了，2010年的村民已经成了青龙镇考古的中坚力量，学会了田野发掘、使用洛阳铲勘探、看地层、室内整理等。青龙镇考古进行得比较顺利，同这批淳朴实在、踏实肯学、吃苦耐劳的村民是分不开的，我们从心底感谢他们的默默付出（图9）。

探方时先铲平表面，离基准线10厘米以内一层层往下挖，先挖第一层，因为是农耕土，可以稍微深一点，挖一锹深大概25~30厘米，挖起的土要打碎，土中发现砖瓦瓷片等要捡出来，然后将土堆到规定的地方，一般在距离探方壁（隔梁）1.2米以外。一层挖完后，要修整探方壁面和层面，也就是探方的四壁，

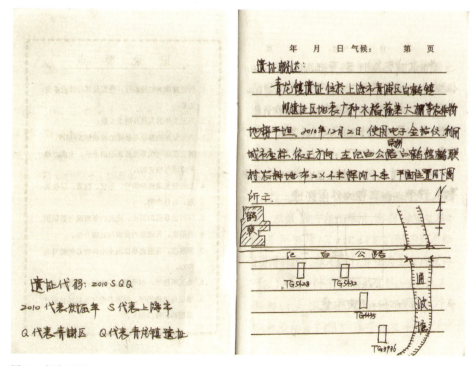

图10 探方日记1

2010 年发掘收获一：
发现宋代房基 F1
——玩笑成真

在纪白公路南农业公司地块上发掘的编号 HfT5432、HfT5332 等探方内，发现一处宋代房基，编号 F1（图10、11）。房基为正南北向，仅残存西北部砖墙基和铺地砖。北部墙基仅存西北角，东西残长 0.88 米，宽 0.12 米，残高 0.18 米，残存 4 层砖，错缝平砌。西部砖墙基，从北向南残长 7.53 米，宽 0.12 米，砖与砖之间用糯米浆三合土粘接。在西部砖墙基外侧保留有土基槽，填充含有零星糯米浆三合土的浅灰褐色粉沙土，根据基槽量出西部墙基通长 10.5 米，其南段的砖墙已毁坏无存，但土基槽尚保留。墙基用砖规格为长 28、宽 13、厚 4 厘米。在北墙基南侧、西墙基东侧保存一条整齐的铺地砖，铺地砖南北残长 7.44 米，东西残长 1.38 米，

残宽 0.24~0.38 米。铺地砖基本上以一顺三丁铺砌，中间以半砖块错缝平砌，起错牙作用。砖缝隙以细沙和土涂抹，做工非常考究，是精心修整过的。部分铺地砖上残存糯米浆三合土白灰面。铺地砖规格同墙砖一样，也是长 28、宽 13、厚 4 厘米。房基内散乱堆砌着大量的板瓦残片和碎砖块，厚 12~18 厘米，清理出瓦当、瓷碗、瓷洗等小件及较多瓷器残片等。房基仅清理出西墙和北墙基西北段，发掘揭露部分房子的最大宽度是 4.26 米。在 T5332 东北角发现厚 2~4 厘米的糯米浆三合土白灰面，细沽较坚硬。白灰面下为第 6 层深灰褐色黏土。其东部被一条田间道路所压，只得留待日后发掘（图12）。除 F1 房基外，还在 T5330 发现倒塌的墙砖和利用碎砖块铺成的不规则圆形砖面等（图13），在 T5428H3 灰坑中发现 5 件韩瓶等（图14）。

F1 位于老通波塘西岸以西约 10 米（唐代通波塘河道比现在宽，此次发掘已证实），

图 11　Hf 区发掘前的地貌

图 12　Hf 区全景（东—西）

房基方向与河道平行，房基西部没有发现门道，因此推测其门道应该朝东，亦即面向河道，临河而建。

记得 2010 年 12 月 3 日，是开始发掘的第二天。Hf 区 T5432、T4435、T5428、T3936 挖掉第一层耕土层，开始挖第二层灰褐色土层时，出土大量砖块、瓦片及少量瓷片，还出土了 3 件瓷器并发现了 1 个灰坑。这些发现告诉我们，这地方有戏，大家互开玩笑说，要是有房子就好了。过了两天，到 12 月 6 日，天气明显降温，越来越冷，清理出的砖瓦块也越来越多，在 T5432 第 3 层下发现一道砖墙基、铺地砖及残砖瓦等，

暂编号 F1。没想到发掘不到一周，就发现了宋代建筑基址，玩笑成真，我们的运气真不错。因砖墙基延伸到探方隔梁内，又新布了 T5429、T5430、T5431 几个探方。对 F1 的发掘是做到文化层后绘图、拍照，记录详细资料，然后用塑料布盖好暂时回填，有待以后大面积考古发掘（图 15）。

F1 的清理要求细做，加之找来干活的村民逐渐增多，先来的村民已经掌握了初步的发掘技能，新的村民又源源不断进来。乘热打铁，我们将村民合理分成三部分，以老带新，又新开了窑河地块和油叉宅基地块的布方发掘（图 16）。

1. 房屋基址 F1

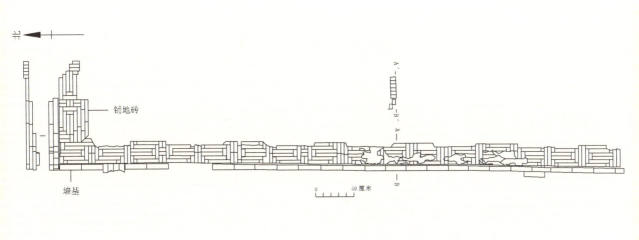

北

铺地砖

墙基

0 50 厘米

A´ B´ A
B

2. F1 平、剖面图

图 13 宋代房屋基址 F1

1. H3 出土韩瓶

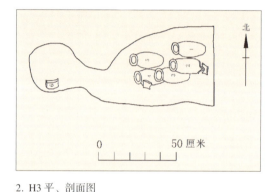

0　　　　50 厘米

2. H3 平、剖面图

图 14　Hf 区 T5428 发现韩瓶

图 15　Hf 区 T5430 ⑤层砖墙倒塌遗迹（南—北）

2010 年发掘收获二：
发现唐代瓷片堆积 CD1
——好兆头

　　12 月 8 日上午，我们同镇文体中心邵主任等到青龙村，在闵主任的陪同协调下，同 3 户土地主人谈妥了窑河南北岸用地，并同地主签了赔偿协议，将赔偿金当场付给他们。12 月 9 日，在窑河南岸青龙村 419 号李华家房后，用全站仪测量布方。窑河与老通波塘交汇处为 Gf 区，根据地理情况，在测量的基础上两岸共布方 7 个，南为 GfT2754、GfT2757、GfT2660；北为 GfT3757、GfT3656、GfT3760、GfT3660（图 17）。在 GfT2660 探方内，发现唐代瓷器堆积、红烧土块及灰烬等，其中红烧土块遍布整个探方，黑灰烬堆积在探方西南角，呈不规则圆形（图 18）。瓷器堆积位于探方东部，编号 CD1，呈不规则形，已知最深处约 60 厘米，灰黑色泥土中夹杂着密密麻麻的瓷器残件和碎片等，并延伸至隔梁内（图 19），考虑到春节临近、天气寒冷和文物安全等因素，决定先将暴露出的瓷器取回，然后保护性回填，来年再发掘。记得 2011 年 1 月 19 日，天气阴冷，雨雪交加，我们开始一件件提取堆积中的瓷器及瓷片，密密麻麻一大片，水位又较高，要一边舀水一边一件件对图取拿，进度非常缓慢。脚踩在冰冷的烂泥里，套了 2 双袜子还冻得直跺脚，淅淅沥沥的雨雪，只能打着雨伞记录，冷得发抖。大家戏称瑞雪兆丰年，是个好兆头，待下次重新开挖再识庐山真面目。初步清理，瓷器中多数为越窑瓷器，少量为长沙窑等窑口的瓷器。器形以碗为大宗，次为钵、罐、盆、壶等，可复原

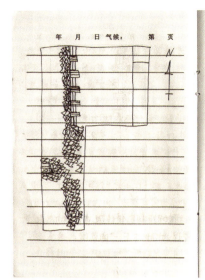

年 月 日 气候： 第 页

N

2011年 1月 8日 气候：晴 第 页

用工 6人

今天的发掘工作主要有以下 3 项：

1. 清理扩方区域南部第④层下的遗迹。为内空圜角长方形，向下清理了0.40米，土顶较致密，浮锈色松土，含较多草拨 20%，炭屑 5%。盆土初有青色青砖碎硌块、板瓦残片和青釉瓷片（碗口沿、碗底）。一边向下清理，一边用手铲寻找此遗迹边缘，趣致直规整。发掘到距开口层位0.40米，在此遗迹中部发现有青色砖垒砌的砖垒，基本上以顺砖错缝平铺，此遗迹性质不明。暂停其发掘工作，将此遗迹编号 H6

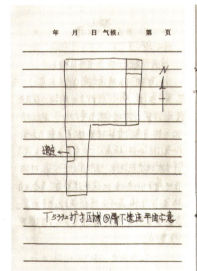

年 月 日 气候： 第 页

N

墙槽

T5332扩方区域④层下遗迹平面示意

2. 将F1代墙基上部的顶板瓦堆承全部起取完毕，初面确认F1平面范围。并将F1墙基基槽向F1清理情况总结如下：

① F1墙基残长 7.57米，墙基南端被扰动破坏无存（可能是序址废弃后，墙基的砖被取走用作其他建筑物），残存灰黄色较纯土，墙布三合土稠土浆注在硅表面的三合土浆带很明显，几乎成带块状，基F1居住面内也发现有三合土浆的白色带本。

② 关于F1的面积：从目前清理情况可知F1南北长10.60米，其东西宽度不明（基本端伸出T5332探方外）

③ F1墙基基槽：墙基外侧发现基槽基

大槽内填土为棕红色和浅褐土，色大量棕褐浆三合土的白色粉本块4颗粒。初步推测在当时砌筑墙基时脱落，并回填于基槽内的基槽内侧填土较为疏松并未发现有夯实或墙筑的迹象，待解剖墙基基槽后再确定F1墙基基槽的结构形制。

④ 关于F1的面居住面：住东墙基本侧在是F1的生活居住面，现在的发掘情况上F1的居住面散乱堆布和有板瓦碎块、青硅碎硌块。居住面填土中含有棕褐三合土的白色粉本。有的地区比坚实（'d面）初步堆测居住面较坚硬过，将原来F1的生活居住面破坏，形成现规在的扰动层

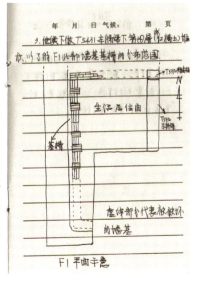

年 月 日 气候： 第 页

N

T5332

T5332扩方区

3. 继续下挖至T5431在清埋下第④层（垫土）墙基，以了解F1北部的墙基基槽的分布范围

生活居住面

墙槽

虚线部分代表被破坏的墙基

F1 平面示意

图16 探方日记 2

031

的瓷器有 100 多件（图 20）。经拼对，陶器残件及碎片主要为陶盆等。这批瓷器同上海境内发现的浙江越窑、湖南长沙窑等窑口的唐代瓷器基本相同，它们是否是经青龙镇运往各个地区的？比较合理的解释是这批瓷器通过船运经湘江、长江、吴淞江进入青龙镇（**链接：吴淞江与青龙镇**），以青龙镇为集散地。一个瓷片堆出土的瓷器数量和种类，远远超过了上海考古出土唐代瓷器的总和，确实令我们振奋。

图 17　2010 年窑河北岸发掘现场

图 18　Gf 区 T2660 瓷片堆发掘现场　　　　　图 19　唐代瓷片堆积局部

链接 ——————————— **吴淞江与青龙镇**

唐《元和郡县图志》记载："松江，在县（吴县）南五十里，经昆山入海。"万历《青浦县志》载："吴松江，旧名吴淞江，因水患去水从松。在县北。其源始太湖口而东注于海。"吴淞江，源出太湖瓜泾口，经吴江、吴县、昆山、青龙镇东流入海，为上海明代以前最主要的河道，直通东海，素有上海的"母亲河"之称誉。文献记载唐代吴淞江宽 20 里，唐宋年间，吴淞江日渐淤塞，萎缩为宋时的 9 里、5 里、3 里，至元时江面宽仅 1 里。吴淞江的淤塞严重影响了上海乃至长江三角洲地区的经济发展，以至于宋元以来朝廷和当地政府不得不动用大量人力、物力、财力或原道疏浚，或新开河道，或置闸窦。宋朝范仲淹、叶清臣、郏亶，元朝任仁发，明朝夏元吉、海瑞等著名水利专家和朝廷官员都亲自参加了疏浚吴淞江的水利工程。足见吴淞江不仅对上海的兴起和发展起到重要作用，对整个长江三角洲的经济发展也是举足轻重。如元代任仁发《水利集》云"苏湖熟，天下足"。

青龙镇虽是军事建置，然而凭借着据吴淞江下游沪渎口，以其优越的地理位置和发达的航运条件迅速发展成为上海唐宋时期对外贸易港口，江南著名的水乡巨镇，我国"海上丝绸之路"的重要起点之一。史料中有关唐代青龙镇的记载只鳞片爪，仅见隆福寺（青龙寺）建于唐长庆元年（821），隆福寺塔（青龙塔）建于长庆年间（821~824），日本僧人圆仁于唐大中元年（847），搭新罗人船从苏州松江口回国等。

1. 唐代德清窑青釉钵

2. 唐代褐釉执壶

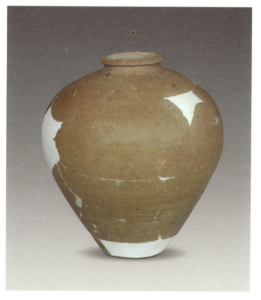

3. 唐代青釉小口罐

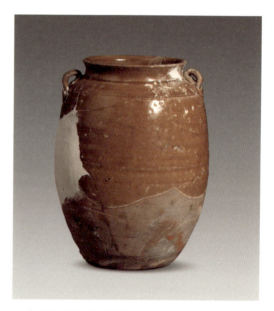

4. 唐代德清窑青釉双系罐

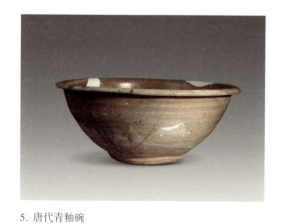

5. 唐代青釉碗

6. 唐代酱釉碗

图 20　唐代瓷片堆发现瓷器

2010 年发掘收获三：
发现唐代铺地砖和唐代老通波塘东岸
——祈盼

12 月 21 日，在发掘农业公司地块和窑河南北岸地块时，看见原定发掘的油叉宅基地主人正在拔菠菜，即刻同青龙村冈主任一块到油叉宅基地，同地主人谈发掘用地青苗赔偿之事（图21）。这时我们考古人又充当了商人的角色，讨价还价，斤斤计较，最后在双方各退一步下成交，并答应菜主的父亲到工地上来做发掘。清一色的上海本地村民队伍中加进了外地人，好在菜主的父亲是一个踏实肯干，又尽心尽责、不多事的老实人，给我们留下了很好的印象，遗憾的是第二年他就回老家了。乡民和菜地主人都不理解我们为什么这样斤斤计较，说我们是国家单位，钱又不是自己的，为什么不能多给他们一点呢？在赔偿青苗费问题上，我们秉持的原则是兼顾国家和农民的利益，在有限的经费内尽可能多做点事。谈定后第二天就在青龙寺西侧油叉宅基地布了 3 个探方，属 Fg 大区。分别为 T7909、T7619、T7411，获取了很多信息（图22）。其中在 T7909、T7619 两个探方中，各发现一道唐代铺地砖，方向、形制大体相同，均呈西南—东北走向，罗盘方向255°，平面条形。T7619 探方内的铺地砖，在探方内长 140 厘米，由 11 块砖平铺而成，西南端已到头，顶端放置一块板瓦，东北继续向探方外延伸（图23、24）。此地层为深灰褐色黏土中包含较多砖块、瓦片，集中出土 8 件青瓷碗和 1 件青瓷双系小罐（图25），推测可能是唐代家庭最常用的生活器具。在 T7909 探方内的铺地砖，由平铺砖和侧立砖

图 21　油叉宅基地块 Fg 区发掘前地表情况

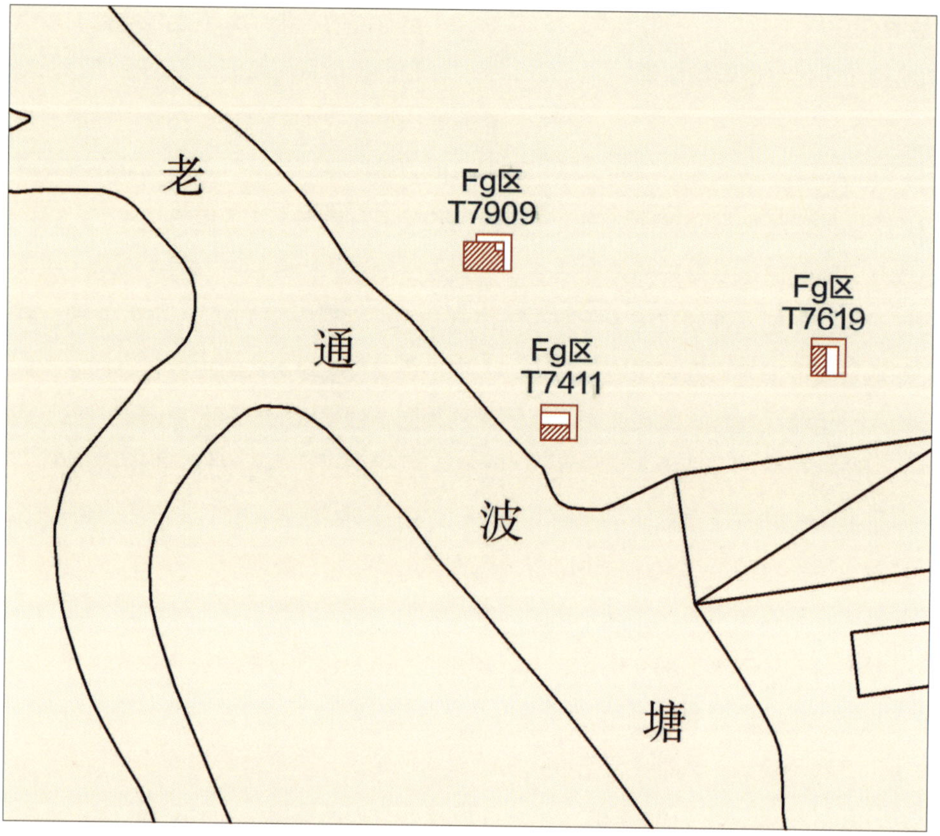

老

通

波

塘

图 22　油叉宅基地块探方位置图

Fg区
T7909

Fg区
T7619

Fg区
T7411

图 23　Fg 区 T7619 ⑤唐代铺地砖

图 24　Fg 区 T7619 全景（南—北）

两部分构成。砌法为：南面平铺一排条砖，整排砖铺砌平整，砖面略有磨损。平铺砖的北侧侧立两道砖，错缝排列。侧立砖因高出平铺砖，表面破损较平铺砖严重。从铺地砖西南端的两块砖横铺，其余砖竖铺判断，西南端已到头，东北继续向探方外延伸。铺地砖在探方内已暴露出的长 4 米，宽 0.34 米，用探铲钻探，总长度为 8 米左右。砖与砖之间用黄沙勾缝，砖缝小于 0.5 厘米。在铺地砖北部见不规整的平铺砖和散落的零星碎砖块，间有一些红烧土。另与铺地砖同一层面上，有层黄锈斑土，致密坚硬，厚 2~3 厘米，可能为当时的活动踩踏面。根据宋《营造法式》记载："其阶外散水，量檐上滴水远近铺砌向外，侧砖砌线道二周。"推测该铺地砖可能为散水。此类唐代房基在上海还是第一次发现。在 T7411 探方内，在地表 2 米

以下，西部为青灰色淤泥，淤泥由东向西呈斜坡状，依据本探方西壁距现在的老通波塘东岸约 4.2 米，初步推测淤泥可能为通波塘的老河道，说明唐代以前的通波塘东岸在现今的通波塘东岸往东。

2010 年发掘收获四：
仓桥地块水井、吴淞江浅滩区域的发现
——锁定范围

12 月 23 日，农业公司、窑河、油叉宅基地这三个板块的发掘都顺利进行，已经到了仔细清理遗迹阶段，我们快马加鞭，开始了原定最后一块仓桥板块的布方发掘。23 日用全站仪布探方 7 个，分别在 Jd、Kd 两个大区内。这两个大区行政范围属于白鹤镇仓西大队，位于青龙镇遗址中心偏西北位置，

图 25 2012 年发掘出土部分唐代瓷器

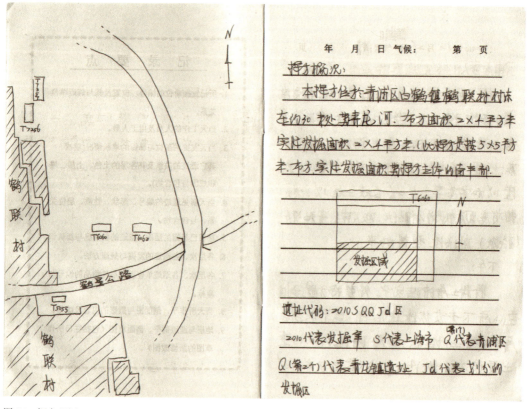

图 26　探方日记 3

地处青龙港、崧泽塘、老通波塘三江交汇处，地理位置十分优越，20 世纪 80 年代在青龙港两岸曾发现成排的密集的木桩。7 个探方分成三块：一块位于 Kd 区南部，在三江交汇处西岸、北岸各布方 1 个，为 KdT0548、KdT1049；一块位于青龙港南岸、崧泽塘西岸，原名"仓桥"处，布方 4 个，分别为 JdT6060、JdT6062、JdT7256、JdT7357，计划先发掘 2 个（图 26）；一块位于鹤星公路南侧，崧泽塘西部民居聚集区（青浦博物馆王辉的老房屋后）北，此处因面积较小，只能布方 1 个，为 JdT5055。据当地村民反映，在王辉家房后的鹤星公路北侧，村民造房时曾发现砖墙、水井等。

在仓桥附近的 Jd 区 T6060 探方中部发现 1 件泥质灰陶器，可能为陶排水管（图 27、28），1 眼砖井 J1。J1 为圆形，口径 1.14 米，深 1.98 米。井底以上残存 3 圈砖井圈，每圈 8 块砖，以素面青砖丁砖侧立错缝垒砌，残高 40 厘米，上部井圈破坏无存。井内出土可复原器物 18 件，包括瓷碗、陶钵、陶盆、韩瓶及青釉、白釉、黑釉瓷片等。此外，井内填塞基本为板瓦残片和素面青砖碎块，几乎不见填土，清理的难度可想而知（图 29）。在 T5055 北部清理出一口陶圈井，编号 J2。J2 为圆形，口径 1.18 米，深 1.56 米，填土为浅灰褐色黏质淤泥，土质疏松，出土物有双耳瓷罐 2 件及青瓷壶、碗残片、泥质

图 27 仓桥地块 Jd 区 T6060 发掘现场

图 28 Jd 区 T6060 出土泥质灰陶器

1. 水井 J1

2. J1 残存砖井圈

图 29 Jd 区 T6060 水井 J1

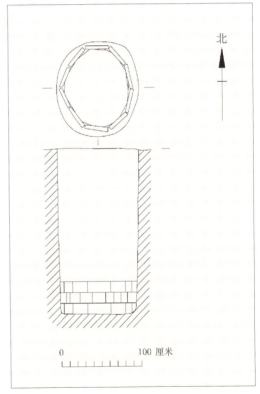

3. J1 平、剖面图

图 30　Jd 区 T7256 砖砌遗迹

灰陶井圈和碎砖块等。有井的地方一定是有人居住活动之地，看到这些器物，又听附近村民讲在造房时也挖到了这样的水井和釉陶瓶等，推测这里为宋代居住区。

Gd 区 T7256 探方第 3 层为黄白色粉沙土，土质略硬，较致密，含零星草木灰、炭屑等，是路土还是人类活动踩踏所致仍需待定。在探方西北角和东北部发现较为规律的砖墙，疑为残房基（图 30）。

在清理残房基和水井的同时，多出来的工人又去发掘 KdT0548、KdT1049 最后两个探方。这两个探方，据地表 1.2 米以内，出土物有宋元青瓷、青白瓷片、砖瓦残片、酱釉粗瓷缸片等，1.2 米以下土质比较纯净，为淤积层，初步确定是当时的吴淞江浅滩区域（图 31）。

2010 年的发掘，使我们初步认识到：以青龙塔为中心，发现唐铺地砖的地点在青龙塔北 1 里左右，瓷片堆积位于青龙塔西北约 1 里，而 1988 年发现的唐代水井南距瓷片堆积 50 米左右，推测唐代青龙镇的中心就在青龙塔及其附近。又从发现的两处铺地砖和散水都位于青龙塔北部，老通波塘东岸，铺地砖平整且面积较大推测，此处在唐代应该建造有规模比较大的建筑。瓷片堆积、唐代水井发现于老通波塘

图 31　Kd 区 T0548 西壁

西岸，距离瓷片堆积约 10 米处的 T2757 探方内发现的砖瓦建筑遗迹等，说明老通波塘西岸极可能也是生活聚居区。而大量瓷器的出土，多为浙江越窑、湖南长沙窑的瓷器，反映出唐代青龙镇海上贸易的兴盛。这同文献记载的青龙镇始建于唐天宝五年（746），因据吴淞江下游沪渎口，以其优越的地理位置和发达的航运条件迅速繁荣起来，成为上海最早的对外贸易重镇相吻合。2010 年考古发掘的 25 个探方中，都发现宋代遗迹遗物，最多的是残砖碎瓦，有的探方内残砖瓦堆积厚 1 米左右，反映宋代建筑已较唐代范围扩大且密集。发现的

F1 房基，从所处地理位置、房基规模较大、砌筑规整、做工考究，及周围还发掘出几处墙基基础、倒塌砖墙、不规则圆形的铺地砖等，初步推测此处可能为宋三十六坊中的一坊。宋代遗迹及地层中出土上百件瓷器小件和大量瓷器碎片，主要为来自浙江、江西、福建等窑口的瓷器，宋代青龙镇海上贸易较唐代更加繁盛，也以实物说明青龙镇形成于唐代，鼎盛于宋代。

在获取完整资料后，对部分遗迹，如水井、房基等，按照大遗址保护的需要，用彩条布和沙袋做覆盖隔断，进行了保护性回填，以备今后建遗址公园原汁原味地展示。

2011 年青龙镇考古勘探
——抓住机遇

2011 年初，2010 年度的考古发掘进入最紧张的收官阶段时，考古人员听参加发掘的乡民说发现唐代铺地砖的油叉宅基地块要承包出去种葡萄，合同一签最短也是 5 年，随即同村委会协商先进行考古钻探，得到了村里的大力支持。恰逢上海几十年不遇的大雪天，头上雪花飘飘，脚下泥泞路滑，考古人员王建文、郭荣成等冒着风雪在此地块测量出精准面积，速同村委会先签了一年的用地合同（图32、33）。2011 年下半年对该地块进行了考古勘探，勘探面积约 7500 平方米，用洛阳铲共打探孔 613 个，其中在地表 1 米以下有砖的探孔为 205 个（图34、35）。文化层主要为唐宋时期，其中唐代文化层堆积较厚，范围较广，几乎涵盖整个勘探区域。在唐代文化层探出了 3 条分布较为密集且较有规律的砌砖，其中 1 条分布于该地块的东段，南北长约 20 米，东西宽 2~3 米，可能同建筑基址有关，留待日后发掘。

▲ 2010年勘探试掘点　　▨ 2011年准备进行发掘的范围

0　　100　　250　　500 米

图 34　2011 年勘探地块位置图

图 32　2011 年雪中测量场景

图 33　2011 年勘探场景

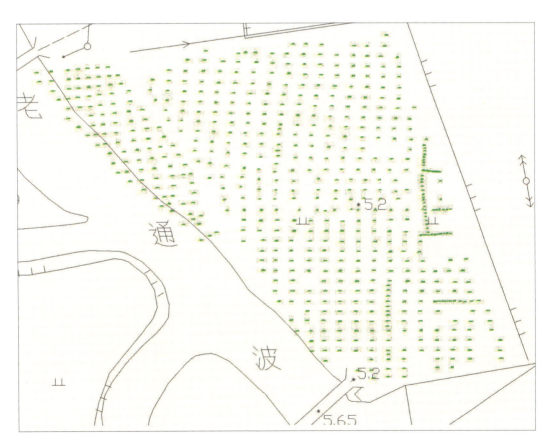
图 35　青龙镇遗址 2011 年勘探布点图

2012 年青龙镇考古发掘
——捷报频传

在 2010 年第一次考古发掘、2011 年考古钻探获取了大量信息的基础上，2012 年 10 月至 2013 年 2 月，又有计划、有步骤地对青龙镇遗址进行了第二次考古发掘，发掘面积 1100 平方米。中国人民大学考古专业的学生参加了这次发掘实习。这次发掘重点是唐代区域，以解决上海唐代历史考古的薄弱环节。发掘分两大块，一块为 2010 年发现唐代瓷片堆积的区域，一块为老通波塘以东、油叉宅基地块以北的地块（图 36），发现了唐代铸造作坊、炉灶、墓葬和唐宋房屋基址，及水井、灰坑等多种遗迹，出土铜、铁、木、陶、瓷等完整和可复原器物 2000 多件及大量陶瓷器、砖瓦、容器陶范残块等，取得了意想不到的收获。

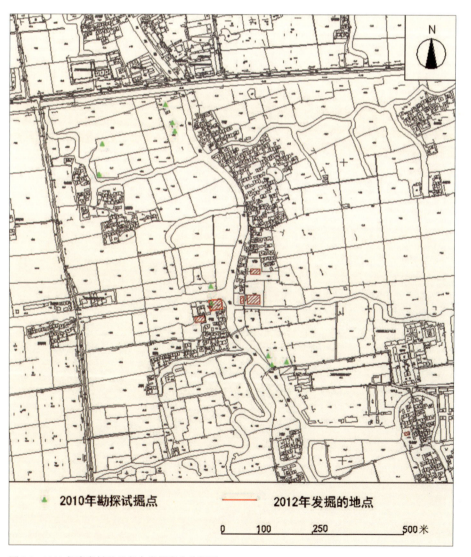

图 36　2012 年青龙镇遗址考古发掘布方位置图

2012 年发掘收获一：
较完整的唐代房屋基址和炉灶的发现
——上海考古新突破

如果说 2010 年在青龙寺西北油叉宅基地块发掘出了唐代建筑遗迹铺地砖、散水等已经令我们很开心了，那么 2012 年在老通波塘东、窑河北发掘出比较完整的唐代房屋基址和炉灶，较 2010 年发现的铺地砖又向前推进了一大步。唐代房屋基址编号 F5，平面呈长方形，东西长 9.26 米，南北宽 5.94 米，面积近 50 平方米，这在今天的上海来说面积也不算小（图 37）。南、西、北壁残留断断续续的一到两层砖砌墙体。在墙基的西北角发现 2 块边长 36、厚 10 厘米的方形石板。在南部墙基中部也发现 1 块同样规格的石板，推测可能为放置柱础的磉墩（磉墩，用砖或石砌的柱基础，上置柱顶石）（图 38）。屋内地面有一处火塘，编号 Z2，平面呈圆形，直径 36 厘米，深 28~30 厘米，壁厚 6 厘米，表面涂白灰。壁面经过长期火烧形成坚硬的烧结面（图 39）。看到这个火塘，脑中立刻浮现出在上海阴冷潮湿的冬天里，一家人围坐在火塘边，边烤手取暖边聊天的其乐融融景象。另外在房子北墙基外发掘出一座椭圆形砖炉灶，编号 Z4，上部已被破坏，炉膛、烟道等保存相对完好（图 40）。尽管已残破不全，但感觉跟今天当地村民使用的柴火砖灶几乎一样，一千多年的文化传承就展现在眼前（图 41）。炉膛为椭圆形，残高 52 厘米，上部长径 90 厘米，短径 70 厘米。灶膛的底部略大于口部，长径 98 厘米，短径 80 厘米，以素面青砖垒砌，残存 7 层，底下 6 层顺砖错缝垒砌，砖与砖之间涂抹有白灰。最上一层以半砖块错缝垒砌；灶膛壁砖经长时间火烤，呈橘红色；灶膛的底部为圜底，堆积一层厚约 3 厘米的草木灰，底面为土红色的烧结面，较为坚硬；烟道位于灶膛的东北部，平面略呈八字形，宽 22~34 厘米，进深 30 厘米，烟道底部距上口部 30 厘米，以素面青砖半砖块铺砌成西低东高的台阶式，共计 6 层（图 42）。火门位于灶膛的西部，周围发现大量的草木灰。目前全国范围内发现的唐代建筑遗存并不多，普通的民居则更少，青龙镇遗址唐代房基及灶的发现，为我们了解唐代的江南民居提供了珍贵的第一手实物材料。发掘后，我们对 F5 房基遗迹进行了保护性回填。

2012 年发掘收获二：
瓷片堆积
——上海最早的码头

2010 年在老通波塘、窑河南岸发掘的编号为 GfT2660 的探方内，发现唐代瓷片堆遗迹，2012 年发掘的重点正是此区域，看能否找到唐代的港口。此地发掘面积近 500 平方米（图 43），其中在 GfT2660、GfT2661、GfT2662 等探方内，清理出数以万计的瓷器碎片和少量陶器残片，可复原器物近千件，其中以瓷器数量最大，占 90% 以上。瓷器中 80% 为越窑瓷器，20% 为长沙窑等窑口的瓷器（图 44~46）。特别是具有鲜明域外特色的长沙窑瓷器——3 件唐代瓷腰鼓、1 件长沙窑莲瓣瓷碗的出土，使我们将青龙镇与唐代海上丝绸之路紧密相连。目前全国考古出土的较完整的唐代腰鼓仅有数

1. 房屋基址 F5

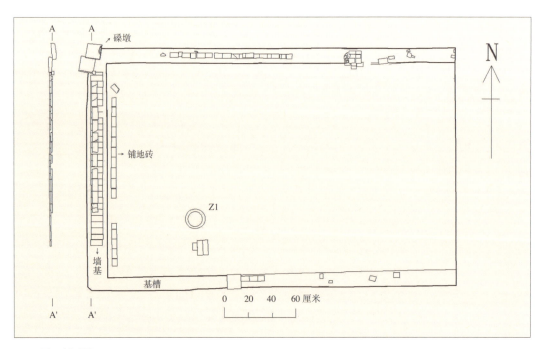

2. F5 平、剖面图

图 37　唐代房屋基址 F5

图 38　F5 出土的磉墩

图 39　F5 房屋内火塘

图 40　灶 Z4

图 41　今天的砖灶

图 42　Z4 炉灶烟道

1. 全站仪测绘场景

2. Gf 区发掘现场

3. Gf 区发掘现场

图 43 Gf 区发掘场景

1. 酱釉烛台出土现状

2. 酱釉烛台

图 44　唐代酱釉烛台

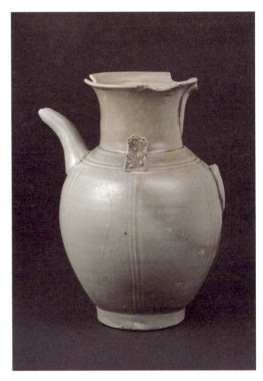

图 45　唐代长沙窑青釉褐彩壶

图 46　唐代越窑青釉执壶

件，而在青龙镇一个堆积中一次就发现了 3 件，其中 1 件还可以复原（图 47）。鼓身两端粗圆，中间腰细，内空。外壁凸起弦纹七道。表面施黄褐釉，内壁施褐色釉，不禁眼前浮现出安塞腰鼓鼓槌挥舞，彩绸翻飞，鼓声如雷，雷撼大地，声势逼人，极富感染力的宏大场面（链接：腰鼓）。长沙窑莲瓣纹碗，在国内唐代瓷器中几乎不见，而 1998 年在印度尼西亚海域打捞的"黑石号"沉船中多有发现。尽管这些陶瓷器绝大部分为残件，仍透露出以下信息：一是表面光洁，没有使用过的痕迹，显然是在运输途中因颠簸破碎而被丢弃；二是同类同形的器物数量很多，如越窑大圈底碗有几百件之多，越窑玉璧底碗也超过百件；三是器形、纹饰同宁波唐代明州港和义路码头、江苏扬州港出土的唐代外销瓷多相同，有的器物与日本、菲律宾等地出土的越窑、长沙窑瓷器相同；四是同上海境内的闵行马桥遗址、浦东严桥唐代村落遗址以及上海市市区中山北路、共和新路和唐代墓葬中发现的浙江越窑、湖南长沙窑等窑口的唐代瓷器基本相同。推测这批瓷器运到

链接 —————————————— 腰鼓

腰鼓为唐代主要演奏乐器，相传由羯鼓演变而来，公元 4 世纪开始流行，是当时龟兹乐队的特有乐器之一。传说唐玄宗擅击羯鼓，练习时敲坏的羯鼓就有四大柜。腰鼓形似圆筒，两端粗，中间细，两端蒙皮，鼓身有两个铁环，用带子悬挂在腰间，两手各执一木槌敲打，音响清亮，既可用作伴舞乐器，也可作为舞蹈道具。

图 47　唐代长沙窑褐釉腰鼓

上海青龙镇的发掘与发现 · 考古·古港

青龙镇后，途中因颠簸破碎了的瓷器、陶器便被丢弃在此处，完整的以青龙镇为集散地，一部分销往上海境内，绝大部分作为外销瓷运往日本、韩国、非洲等地。此瓷片堆积靠近老通波塘西岸，这里很可能是唐代青龙镇港口或中转站，这样大批量越窑、长沙窑瓷器的集中发现，印证了青龙镇作为上海最早的对外贸易港口的兴盛，也印证了唐代日本遣使来中国，在中国完成使命后，多取此道返航的记载。日本僧人圆仁写的《入唐求法巡礼行记》中，记述了他于唐大中元年（847）五月回国，从苏州松江海口（青龙镇）上船启航的情况。

2012 年发掘收获三：
火炉、陶范、炉渣堆积
——上海最早的铸造作坊

在老通波塘西、窑河南岸发掘出规模较大、使用时间也较长的铸造作坊（图48）。由火炉、陶范残块、炉渣、水井等部分组成。火炉位于 Gf 区 T2560、T2660、T2760 探方内，在南北长 14、东西宽约 3 米的区域内，清理出 4 个火炉，呈南北直线排列，编号从北到南为 L1、L2、L3、L4（图49）。火炉上部已被破坏，平面呈圆形，口径 30~40 厘米，深 10~20 厘米，从内到外依次为红褐色、紫褐色、青灰色。炉膛填土为灰褐土，夹较多的红烧土颗粒。青龙镇发现的 4 个火炉同 1975 年扬州唐城探方 T113 东北角发现的 2 个圆筒形炉相似。扬州唐城的简报说："两炉相距 25 厘米，炉口径 23 厘米，深 35 厘米，外壁的泥土被烧成红色，厚约 10 厘米，烧土越往底越薄。在炉壁上有一层约 2 厘米厚的结晶物，比较坚硬，上有气泡。炉中有坩埚残片，残片上有铜锈，说明这炉可能是为熔铜用的。"火炉周围堆积着大量的陶范碎块、红烧土块、耐火砖、炉渣、灰烬等，厚约 30~50 厘米，面积约 500 余平方米。在这个区域西南约 40 米的另一个发掘区也发现较厚的炉渣、陶范密集堆积，东西长约 20 米，南北宽约 10 米，最厚处 80 厘米。两处区域加起来面积有 1000 多平方米，由此可见这个作坊规模还是比较大、使用时间也是比较长的。出土的大量陶范残块，尺寸不一，多为铸造圆形容器的范，内壁呈青灰色、细腻光滑，外壁红褐色，经上博实验室连海平研究员测试确定是铸造金属器的陶范。

巧合的是在 L1 火炉西 1 米处的 T2759 探方中部发掘出一口唐代水井 J21，井内出土铁釜、铁提梁鼎、铁钩、发簪、鹦鹉衔枝绶带纹铜镜、木雕饰件等珍贵文物（图50）。其中出土的铁釜、铁提梁鼎，类似这两件铁器的口沿，在陶范残块中多有发现，尺寸也相差无几，而此类铁器在考古发掘出土的唐代铁容器中几乎不见，极有可能就是在这处作坊中铸造的。另外井内发现的 3 面唐代鹦鹉衔枝绶带纹铜镜，形制、尺寸基本相同，直径 28 厘米，镜背上一对鹦鹉首尾相对，各衔一结满花叶的长绶带，造型生动，工艺精湛（图51）。1979 年在距青龙寺 4 公里的青浦香花公社庞泾大队开挖金汇河北段时也出土过 3 面与之相似的唐代铜镜。J21 为圆形，直径 0.7 米，深 4.5 米。井口残，井身上下笔直。井壁用小青砖斗砖竖砌，磨砖对缝，对接处用榫卯套合，每圈用砖 12 块（图52、53）。砖面向外凸出有细微的弧度，以增加砌筑的稳固性。中

图48　唐代铸造作坊遗址

间则有 3 层为顺砖平砌，加强对井壁上部的支撑。在 3 层平砌砖以下的砖，砖面上可见手印纹（图54）。井底铺有竹片，已腐烂，新出的井水非常清澈。尽管井口已残，但联系在 J21 附近的灰坑 H22 内出土的 1 件同井 J24 上部相同的陶井圈，此井圈有可能为 J21 的井口。井身砖砌，其上放置一完整的陶圈做井口，这在上海地区也为首次发现。J21 为上海考古已发现的数百口井中深度最深、做工最为精致的一口。

出土的铜镜、铜钗、铜筷等铜器是否也为此作坊铸造的呢？这值得深入探讨。唐代是我国历史上铸镜工艺发展的鼎盛时期，尤其当时扬州所铸铜镜，以用材精炼、铸工精湛、成色纯正、纹饰灵动而闻名天下。因其在江心洲搭炉，世称"扬州江心

图49　铸造作坊火炉

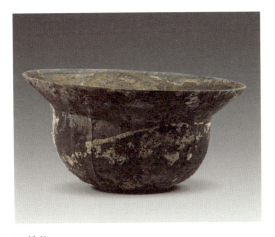

1. 铁釜

2. 铁提梁鼎

3. 铁钩

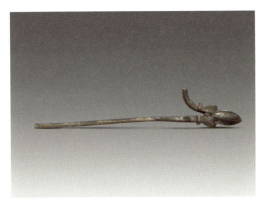

4. 银簪

5. 木雕饰件①

6. 木雕饰件②

图 50　J21 出土文物

图 51　唐代鹦鹉衔枝绶带纹铜镜

镜"。1998 年，在印尼勿里洞岛海域打捞出水的唐代"黑石号"沉船上，就发现一面江心镜。此镜铸造于唐乾元二年（759），镜上有"扬州扬子江心百炼造成"铭文。江心镜注重"百炼"工艺，李肇《国史补》载："扬州旧贡江心镜，五月五日扬子江中所铸也。或言，无有百炼者，或至六七十炼则已，易破难成。"唐时常作为贡品进贡，并设有"进镜官"。达官贵人都以拥有一方扬州铜镜为荣，并奉为至宝。刘肃《大唐新语》载：张怀道赠冯履谦一镜，"谦集县吏遍示之，咸曰：'维扬之美者，甚嘉也。'"足见扬州铜镜人人宝之、喜之、藏之。青龙镇属古扬州之地，又在吴淞江边，且井旁就是铸造火炉，井内出土的双鹦鹉衔花镜，纹饰灵动，是唐代比较典型的铜镜之一。井内出土文物是重量级的，谁又能想到发掘井中文物人的艰辛呢（图 55~57）？扬州发现的手工业作坊遗址分布范围初步估计至少 500 平方米，有金属熔铸和刻制骨器作坊的两种分工手工业作坊。手工业有分工，可能和唐代长安、洛阳一样，在城市布局中已有专门的坊市存在。青龙镇的铸造作坊和扬州发现的金属熔铸手工业作坊相似，面积略逊于扬州的手工业作坊，说明青龙镇已有较为发达的手工业生产。而手工业发达，必然促使商业随之兴盛。

图 52 唐代水井 J21

图 55 J21 发掘场景 1

图 53 J21 内部

图 56 J21 发掘场景 2

图 54 J21 井砖上的手印纹

图 57 J21 发掘场景 3

2012 年发掘收获四：
出土可复原器物近 2000 件
——文物大丰收

2012 年的发掘面积不是很大，仅 1100多平方米，却出土大量唐、宋、元时期陶、瓷、铜、铁、木器等，初步统计可复原的有近2000 件，其中不乏精品。唐代瓷器主要出土于窑河南岸发掘区，以越窑、长沙窑为主；宋代瓷器多出土于老通波塘东和窑河北面发掘区，主要有来自福建、江西、浙江各窑口的瓷器，以建窑、吉州窑、闽清义窑、东张窑、磁灶窑、景德镇窑、龙泉窑为主，个别为来自北方可能为邢窑的瓷器碎片（图 58~65）。

沿海的一大地理优势，是航海技术发展到一定程度以后才逐步显示出来的。唐代开始，海外贸易逐渐兴起，广州、明州（宁波）、扬州、泉州成为唐代的四大港口。青龙镇襟江带海，地理位置优越，晋时已经是水运交通枢纽，兵家必争之地，成为长江三角洲对

图 58　龙泉窑青釉长颈瓶

外贸易的枢纽。据宋朱长文《吴郡图经续记》载：青龙镇因据吴淞江下游沪渎之口，镇东临海，水面宽阔，具备良港条件。当时从海上入沪渎，溯吴淞江去苏州，或经顾会浦（通波塘）去华亭，沿大盈浦南行去嘉兴，都要经过这个水上交通路口。青龙镇将沿海与沿江联系起来，使"海外杂国贾舶交至"，也带动了青龙镇贸易交流的繁盛。青龙镇地下唐宋陶瓷器、建筑遗迹的发现，使我们对唐宋青龙镇的贸易交流有了更深层次的认识。

2012年度的发掘，对整个遗址的布局及内涵有了进一步的认识。就目前材料来看，唐代青龙镇的范围较宋代要小，这与文献记载也相符。史载唐代吴淞江江面宽20里，宋代逐渐缩为9里、5里、3里。随着吴淞江的缩窄，青龙镇的范围也从南向北扩大，这次的考古发掘也印证了这一点。青龙镇作为一个以港口兴盛的贸易重镇，其命运与吴淞江的变迁息息相关，最终因为河道淤塞、海岸线的东移而衰落。

图59　H21出土部分陶、瓷器

图 60　青釉刻划花碗

图 61　东张窑黑釉盏

图 62　义窑青白釉碗

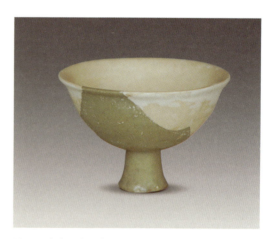

图 63　龙泉窑青釉高足碗

图 64　越窑青釉荷叶盏

图 65　义窑青白釉菊瓣纹碗

2014~2015 年青龙镇考古勘探
——摸清家底

在 2010 年、2012 年对青龙镇考古发掘取得了丰富成果的基础上，为了进一步了解青龙镇遗址的布局及文化内涵，上海博物馆联合陕西龙腾勘探有限公司对青龙镇遗址范围内的塘湾村陈岳、鹤联村、青龙村、杜村、沈联村、白鹤村大盈、章埝村、新丰村进行钻探，合计勘探面积 1383842 平方米，共发现遗迹现象 190 处，主要有古河道、灰坑、水井、墓葬、新石器文化遗址、木板范围、砖瓦范围、堆土范围、高台范围、石块范围等，在钻探了解地层的基础上，布 14 条探沟进行试掘，试掘面积 125.25 平方米，基本摸清了青龙镇遗址的范围与地层堆积情况，为下一步制订青龙镇保护规划、开展考古发掘和科学研究奠定了基础（图 66、67）。

勘探主要收获是在对塘湾村陈岳自然村旧青浦小学的勘探和探沟试掘中发现塔砖（图 68、69），2015 年 10 月，上海博物馆通过大面积揭露确认为隆平寺塔塔基。在旧青浦小学北部靠近青龙港处地层堆积为淤积而成的黄白色沙土，应为吴淞江泛滥形成，因此我们将青龙镇保护范围北界定在青龙港北侧（图 70）。在新丰村主要勘探清楚了高家台任氏家族墓地，确认墓葬 26 座，墓葬集中分布在高家台中部偏北处，

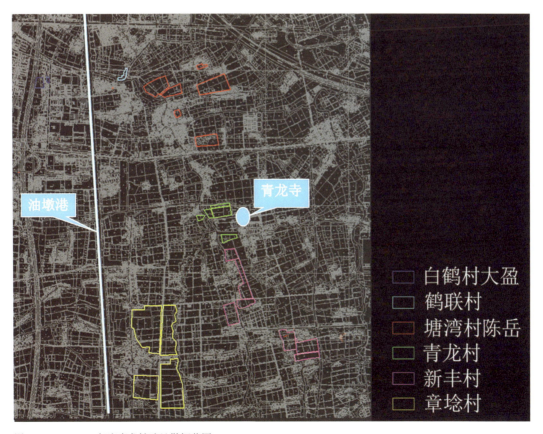

图 66　2014~2015 年度青龙镇遗址勘探范围

1. 旧青浦小学勘探位置图

2. 青龙村平桥勘探位置图

3. 青龙寺勘探位置图

4. 仓桥、太平桥勘探位置图

图 67　2014~2015 年度勘探位置图

图 68　塘湾村陈岳部分勘探探孔地层

图 69　旧青浦小学西围墙外试掘探沟发现的砖铺路面（南—北）

图 70　旧青浦小学北部试掘探沟

三面环河。墓葬均为石砌墓，以长方形为主，北部多呈东西向分布，南部以南北向分布者居多（图71）。地表上发现的6座墓葬由地表石砌和地下墓室两部分组成。结合以往的发掘，此处应是任仁发家族墓地的集中埋葬区，我们也将此处定为青龙镇遗址重点保护范围。在朱家墩南部勘探未发现明显的人类活动痕迹，因此我们将青龙镇遗址保护范围南界定在朱家墩。在章埝村勘探发现墓葬1座（图72）、古河道1条、新石器时期文化层1处。其中新石器时期文化层，位于章埝村800号（章埝村村委会）东北80米处，东距东山港河15米，通过勘探，距地表0.8米处发现黄褐色铁锈斑土，土质较为致密、坚硬，东西长20米，南北宽10米，将此处定为新石器时期文化遗址保护范围（图73）。在对青龙村平桥、庙浜、青龙寺、傅家库勘探时，主要发现丰富的唐宋文化层和河埠头等遗迹。在平桥勘探出唐代栈桥1座及4处木块范围等（图74），木块范围多处于河道边沿，分布较集中。在青龙寺勘探主要发现河道5条，水井2口。在勘探的基础上，布2米×2米探沟进行试掘，出土大量唐宋时期的瓷器，由此我们认为青龙村老通波塘东西两岸应是青龙镇遗址重点保护区域之一（图75）。对鹤联村鹤星仓桥、太平桥、小官桥三个区域的勘探，主要发现墓葬和丰富的唐宋时期文化层，结合2010年度青龙镇遗址初次调查试掘的情况，我们将鹤联村鹤星划入青龙镇遗址重点保护范围之内（图76）。

通过多年的实地踏查走访、近年的考古发掘和大规模勘探，基本摸清了青龙镇遗址的重点保护区与一般埋藏区。原先根

图71　任氏家族墓地 M12 范围

据文献记载推测，青龙镇的管辖范围至少有25平方公里。通过考古工作发现，青龙镇遗址唐宋时期文化层主要集中在通波塘东西两岸约200米的范围内，南北长约3.2公里，东西最宽1.2公里，最窄处为0.4公里。北起鹤联村仓桥东，南至新丰村朱家墩，为青龙镇遗址的重点保护范围，面积1.86平方公里；新丰村高家台任氏家族墓地范围0.21平方公里，也应划归青龙镇遗址重点保护范围之内。合计青龙镇遗址的重点保护范围为2.07平方公里（图77）。

图 72　章堪村宋代墓葬远景

图 73　章堪村村北工作场景

图 74　青龙村平桥北部勘探试掘探沟发现河埠头遗迹现象

图 75　青龙村青龙寺勘探工作场景

图 76　鹤联村鹤星勘探工作场景

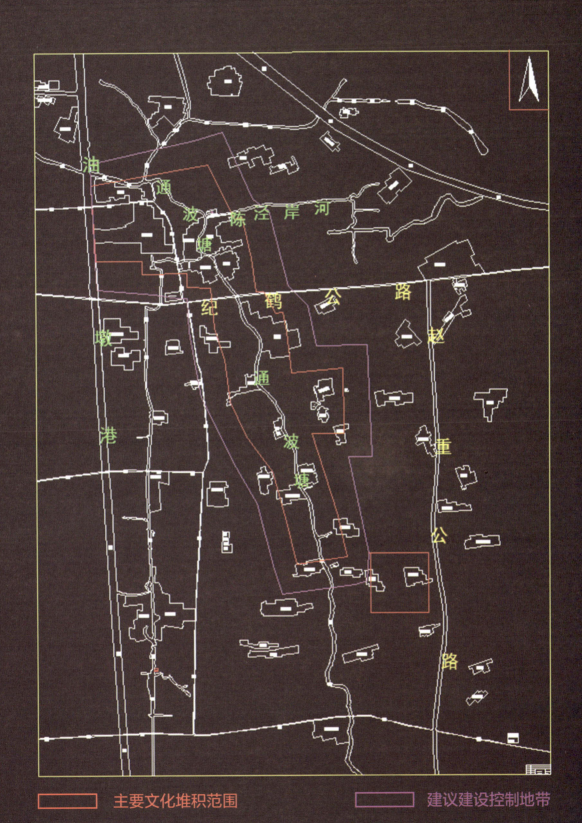

油
通
波塘
陈泾岸河
纪
鹤
公
路
墩
通
赵
港
波
瑾
重
公
公
路

主要文化堆积范围　　　　　建议建设控制地带

图 77　青龙镇遗址文化堆积分布图

隆平寺塔基发掘纪实

王建文

一、众里寻他千百度
——工作缘起

地方志记载青龙镇有"三寺"，其中隆平寺为"北寺"。关于隆平寺有两篇文献传世，一篇为《隆平寺宝塔铭》（**链接：隆平寺宝塔铭**），一篇为《隆平寺经藏记》（**链接：隆平寺经藏记**）。隆平寺始建于唐长庆元年（821），隆平寺塔始建于北宋天圣年间（1023~1032），塔比寺晚了200余年，说明当时佛塔在整个佛教寺院布局上已经处于次要地位。据《隆平寺宝塔铭》记载，隆平寺塔为七级佛塔，建塔主要有三个目的：首先是当时的吴淞江比较宽阔，宋代尚有九里宽，海船入港停泊找不到码头，因此造塔作为青龙港的航标塔；其次是作为弘扬佛教的佛塔；最后因青龙江时有淤塞泛滥，希望建塔可以镇水，保一方平安。

青龙镇的多数建筑已不存，文献记载仅有寥寥数语，只有与隆平寺相关的两篇文献传世。如果能在考古发掘中找到这座寺院，文献记载中该寺院周边的建筑位置也能基本确定，对于青龙镇北边的市镇布局及其他相关遗迹的断代都有非常重要的意义，可以说隆平寺是解开青龙镇北部市镇布局的一把钥匙。因此，2015年度发掘的主要目的就是希望可以找到隆平寺的相关遗迹，并以此为契机，进而解决青龙镇的北部布局与港口的问题。

链接 ———————————— **隆平寺宝塔铭** *灵鉴*

宋明天子即位，举贤良，修文教，不禁浮图，造塔庙、兴佛事。天圣初，道者若松、檀越佀葛果、颜霸与众谋曰："今天子与天下民植福，而此镇西临大江，与海相接，茫然无辨，近无标准，远何由知，故大舟迅风直过海口，百无一二而能入者，因此失势飘入深波石焦，没舟陷人，屡有之矣。若建是塔，中安舍利，远近知路，贾客如归，观者若知，心至宝塔，彼岸高出，贪爱大海，见慢鱼龙，乘慈悲舟，生死苦海，一念超越，速如反掌，可不慕乎？"舆人然之，遂于隆平精舍建塔七层，高矗云霄。自杭、苏、湖、常等州月日而至，福、建、漳、泉、明、越、温、台等州岁二三至，广南、日本、新罗岁或一至。人乐斯土，地无空闲。衣冠名儒，礼乐揖让，人皆习尚，以为文物风流之地。朝廷闻之曰："酒税之利，狱讼之清，宜在得人，不可以不慎。"自景祐至今，皆京寺清秩兼以治人。今岁大稔，远商并来，塔成无记，岁月磨灭，将为后人之讥，灵鉴始受县符，来兹传道，众乃丐辞以纪其实，自惟空示是习，辞媿不文，乃抉鄙思，谨为铭曰：圣帝无为，慈不以威，民乐太平，起塔魏巍。上入碧空，下状铁围，烟云雾霭，出入户扉。中藏舍利，四众焉依，庄严国界，佛日增辉。厥初未建，市井人稀，潮涨海通，商今来归。异货盈衢，人无馁饥。刻石为铭，以赞幽微，亿万斯年，永镇江圻。嘉祐七年十二月初吉，住持传天台教观沙门灵鉴撰，赐紫、沙门清祖篆额，门人宗元书，三班奉职、监青龙镇酒税、茶盐同管、勾烟火公事石怀玉，右侍禁管界水陆巡检贺囗，给事郎、太子中舍、监海盐县盐场权管勾青龙镇务烟火公事骑都尉陈囗立石。

（引自正德《松江府志》卷二十《寺观下》）

隆平寺经藏记　陈林

青龙镇瞰松江上，据沪渎之口，岛夷、闽、粤、交广之途所自出，风樯浪舶，朝夕上下，富商巨贾、豪宗右姓之所会。其事佛尤盛，方其行者蹈风涛万里之虞，恍生死一时之命，居者岁时祈禳，吉凶荐卫，非佛无以自恃也，故其重楹复殿观雉相望，鼓钟梵呗声不绝。顷寺之隶镇者三，独隆平藏经未备。治平四年，邑人陈守通乃始出泉购书，而栖经无所，沙门道常即法堂旧构，合众力植巨轴，贯两轮纳瓯五百，放双林善慧之制，藏所谓五千四十八卷者，始熙宁五年之季秋，成六年之孟春，而髹漆绘事所以为庄严者，垂十年工不克就。元丰四年，曹侯永逸、王侯景琮之来也，悯其垂成仅废，因籍藏之所入，发其端，更其徒，行清主之。未几，城邑区聚，由卢远而下凡十人不谋而赴，随力之，厚薄皆有以相其事，规模法象，即其书皆相合，高下度数。按其体皆可考，袤二丈有二，其崇加三，上为诸天宫者八，下为铁围山者二，承以藻阁，覆以重楣，八舰竿耸，方瓯鳞比，云盖雨华，缤纷蒙蔽，法从导卫，循绕环匝，翼以天神，挟以力士。栏栱栾楯、榱牖扶柱皆雕镂刻，琢涂金错。采材致其良工，尽其巧靡丽侈，富言不能既而见者知焉。经之费凡三百万，材之费者十之二，工之费者十之三，髹漆之费者十之四，涂绘之费者十之五。越明年元朔，合黑白二众落成之，左旋右转，声蔽铙鼓，观者为之目眩，闻者为之耳彻。于是人知方等一乘圆宗，十地之为可依也。始如来以一大事因缘出见于世，曲徇根器，巧说譬喻，最后乃云：四十九年未尝以一字与人，而秘密法藏独付于灵山拈华之时，则知无说无示者是真说法，无闻无得者是真听法，所立文字假名权，实是以尊者。迦叶之集四篦，大智文殊之结八藏，近传五竺，远被八荒。其感应显异，则有若士衡投火而不焦，贼徒盗叶而不举。其功德博大，则有若闻一偈而入佛，初地持一经而生天七返。盖经典所在，则为有佛书之虚空天，盖上卫况严持奉事如此之至哉。呜呼！竭大海水，尽妙高山。虽笔墨有穷而不能及佛一句少分之义，以余之浅陋，何以语此，而行清数来请文，所愿赞其成也，于是乎书。

元丰五年春正月冯翊陈林记。

襄阳米芾治事青龙，宾老相过出此文，爱而书之。

（引自《绍熙云间志》卷下《记》）

二、为伊消得人憔悴
——隆平寺塔基发掘经过

青龙镇是上海最早建置的镇，但关于其置镇年代，唐、宋、元各种文献里都没有明确记录，最早见于明嘉靖《上海县志》，载青龙镇置于唐天宝五年（746）。此后，明清两代地方志以及近年研究上海地区历史地理的论著，都沿袭了《上海县志》的说法。复旦大学邹逸麟先生在《历史地理》第二十二辑发表《青龙镇兴衰考辩》一文，认为青龙镇置于天宝五年的说法难以成立，而"可能置于吴越钱镠据有华亭后，为军事防守，需要置青龙镇，为华亭县沿海一军镇，以武臣为镇将任守御之职"。

尽管青龙镇置镇年代还没有完全确定，但从考古发掘的实际情况来看，从青龙寺到隆平寺南北长2公里的范围内，都发现了大量唐代中、晚期的瓷器，主要以德清窑、越窑、长沙窑为主。说明至少在公元8~10世纪时，不论青龙是否置镇，这里作为一个贸易点，已经是一个人口繁盛、贸易发达的地方。

从2010年起，上海博物馆考古研究部对青龙镇遗址开展了长期的考古勘探与发掘工作。2014~2015年共计钻探了138万多平方米，基本摸清了青龙镇的市镇布局。青龙镇遗址主要沿着通波塘两岸分布，南北长约3公里，东西最宽处1公里，窄处仅有400米，总面积约2平方公里，距河道越近，文化层堆积越丰富，体现了江南水乡市镇布局的特征。

正德《松江府志》记载："寺桥在隆平寺西南，又名迎恩，元延祐年造，元至正年重修，四十五保"，"香华桥，在陈泾口，隆平寺前，又名迎恩"。现在香华桥尚存，位于陈泾岸河汇入通波塘处，横跨陈泾岸河。据此可知，隆平寺在香华桥北。根据这条线索，2014年我们对香华桥北可能是隆平寺所在的范围进行了重点勘探，加大了探孔密度，希望能找到这座湮没于地下的千年古寺。由于南方土壤黏性大，地下水位高，钻探有一些局限性，因此我们又布设了14条探沟进行试掘，希望能找到隆平寺。

在香华桥北侧约50米、紧邻通波塘的一条探沟里，出土了大量的砖瓦残片。由于砖上沾满了泥巴，现场也没法检视，只得待下工将这些砖瓦编号装袋运到驻地。经过清洗后，在一块残砖的侧面，发现有几个模糊的文字。经过仔细辨认，为"入塔内"三个字，上半部分已缺失（图1）。字体为阴文楷书，清秀端庄。该模印字砖应该是虔诚的信众在窑厂定做，在砖坯阴干之前，用刻有"某某某舍……片砖入塔内"的印模印在砖的侧面（图2），再阴干入窑烧成，然后运到青龙镇的隆平寺院内用于建塔。功夫不负有心人，虽然只发现了一块模印字砖，但是大家都十分开心，认为这块字砖应该是隆平寺塔的砖，推测隆平寺应该就在这个探沟的附近。

2014年年底，上海市农委在白鹤镇搞绿化建设，规划在香华桥北侧出土模印字砖的地块范围内种植树木。我们得知消息后，担心绿化种树挖坑，会对地下文物产生破坏，因此与白鹤林业站进行了多次协商。其中虽有曲折，但在上海市文物局、青浦区政府、青浦文广局、青浦区农委及白鹤镇镇政府的支持与协调下，最终留下了三个地块先期进行发掘，待发掘完成后再进行绿化建设。

2015年10月，国家文物局批准了抢救性考古发掘的申请后，考古工作正式开

图 1 "入塔内"文字砖拓片

图 2 隆平寺塔基出土模印字砖拓片

始。由于工人短缺,三个地块只能同时开工两个,即香华桥北侧的地块及其北 100 米的另一个地块。

香华桥北侧地块预留的面积比较小,只有 400 多平方米,周围已经种植了绿化林,只能布设 4 个 10 米 ×10 米的探方,由于发掘还需要有空地堆土,最后只能和承包这块地的私人老板商量,占用他已经种植了树苗的地方。经过数轮艰苦的谈判,最后商定一棵一人高的树苗的赔偿价为 100 元,共计占用了 150 棵树苗的地方,赔偿了 15000 元。这让我们有限的发掘经费中又增加了一项无法预料的开支,心虽有不甘但又无可奈何。不过谈判是考古工作的一部分,发掘时经常要和占用地块的户主进行谈判。

考古发掘是个系统工程,需要解决土地、工人、财务、交通、后勤等一系列问题,还要制定发掘计划,本次发掘的目的与意义

上海青龙镇的发掘与发现 考古·古港

图 3　清洗出土瓷器工作照

图 4　隆平寺塔基散水及地坪（上为南）

何在、用时多长、经费预算多少？这些都是在发掘前就要想好的问题。在前期繁琐的准备工作就绪后，考古发掘正式开始了。香华桥北侧的地块地层相对比较简单，一层即为耕土层，二层、三层包含较多的宋代瓷片，但其中也有少量的明代龙泉窑瓷器。根据考古地层学以包含物中最晚的年代来断代的原则，这两层仍为明代地层，但却混入了大量的宋代瓷片（图3），说明宋代的青龙镇人口

繁盛。在三层下开始有较多的遗迹出现，如水井、灰坑等，其中最引人注目的是一些砖砌散水的发现。散水呈“之”字形不规则分布，由七道青砖顺砖立砌，中间凹弧，以便排水，做工考究（图4）。这些条砖紧致硬实，棱角分明，质量非常好，俗称“年糕砖”。由于散水的形状“不规则”，很长的一段时间，都没有弄清楚到底属于什么建筑，最早怀疑是属于花园一类的回廊，曲径通幽，所以没有规整的形状。这样的困惑持续了很长一段时间，查了很多地方的发掘报告，也没有发现类似的遗迹，只能一边继续发掘一边寻求答案。

虽然根据先前勘探发现的模印字砖和文献材料推断该区域可能是隆平寺遗址，但因考古发掘出的遗迹大都是残缺不全的地基部分，地面以上的结构多已不存，如何判断与解释这些遗迹，如何根据这些残迹来复原原始的建筑结构与样式，仍然是一个挑战。

转机出现在2015年12月19日，我带着航拍小飞机到青龙塔去进行航拍，希望多采集一些数据（图5）。在对青龙塔进行了多个角度的拍摄后，对照片进行了仔细观察，发现从空中俯瞰青龙塔的外围结构与香华桥北侧地块发现的砖砌散水非常相似，推断应该是塔外的散水部分。之前是被塔外的附属建筑扰乱了视线，导致一段时间内没有辨认出遗迹的属性（图6）。

确定了遗迹的性质，弥漫在心头多日的困惑终于散去，顿时觉得轻松了许多。不过轻松只是暂时的，随之而来的还有新的问题，因为之前发掘的面积只有400平方米，揭露的大部分是塔基外围的散水、副阶的部分，真正的塔身部分还没有完全揭露，需要继续

图5　2015年12月19日青龙塔航拍，为确认隆平寺塔基提供了线索

1. 2015年10月30日航拍隆平寺塔基发掘现场

2. 2015 年 12 月 4 日南区全景（西—东）

3. 2015 年 12 月 18 日航拍发掘现场，尚未确认是塔基

4. 2015 年 12 月 19 日航拍首次确认是塔基，白线是为
拍摄洒的白灰

5. 2016 年 1 月 10 日航拍隆平寺塔基扩大发掘面积

图 6　隆平寺塔基发掘现场航拍图

图 7　隆平寺塔基宝装莲花柱础

图 8　柱顶石（上为北）

扩大发掘面积。一想到又要占用周边的林地，又要开始艰苦的谈判，心中很是无奈……

土地赔偿谈妥后，开始扩方发掘，又扩大了 300 平方米，使这一区域的发掘总面积达到了 700 平方米。在发掘的过程中，逐渐有了一些新的发现，包括发现了两块雕刻精美的副阶宝装莲花柱础，边长 80 厘米，柱径 48 厘米（图7）。北宋时柱高一般为柱径的 10 倍，由此推测，这座塔的一层副阶柱高在 4.8 米左右，体量非常宏大。在柱础外侧陆续发现了 3 块五边形的柱顶石（图8），

其中两块位于西北和东南的八边形的对角线上，另一块在西北角的南侧，柱顶石所在的范围，正是塔基的台明外缘，也就是塔基夯土台高于外侧地坪的部分，有利于防止塔内进水。

随着扩方工作的逐步推进，考古队满心期望会留存更多的建筑遗迹，甚至是塔基可以完整地保存下来。但事与愿违，在接近完整暴露塔基的地层时，发现了两条明代的大沟，将塔基的北侧、东北侧的副阶部分完全破坏掉了，这样整个八边形的塔基就只留下六边的散水基槽。经过一段时间的仔细清理，塔身的副阶部分被完全揭露出来，下一步的工作就是要解决塔身的结构问题了，仍然是困难重重（图9）。

根据副阶的八边形推断，塔身也是八边形，目前还残留一个倚柱（图10），下有礓皮石，石的一角刻"韩文泰并妻顾二十八娘家眷舍大砖"字样（图11），说明是信众捐赠入寺用来造塔的。塔身部分因被严重破坏，结构需要慢慢解剖。工作期间，我们也邀请了国内古建筑、考古专家来工地指导工作，最后将塔基的平面布局厘清（图12~14）。

隆平寺塔始建于北宋天圣年间，为七级佛塔。遗址保留了散水、角柱、副阶宝装莲花柱础、倚柱、壸门等塔基的关键部分，为复原隆平寺塔平面结构提供了重要的线索。发掘显示，隆平寺塔基平面呈八角形，散水直径 21.7 米，副阶直径 14.23 米，塔身直径 8.9 米，壸道宽 1.28 米。塔心室为正方形，边长 4.5 米。

为了解塔基的建造过程和工艺特点，我们对塔心室及外围进行了局部解剖。按照考古的一般方法，准备对塔心室进行四分之一

图9 明代大沟破坏了塔基副阶部分（北—南）

图12 刮面寻找遗迹现象（西—东）

图10 塔身倚柱（西—东）

图13 隆平寺塔全站仪测绘（南—北）

图11 拓印礓皮石铭文

图14 隆平寺塔基航拍图（上为北）

图 15　塔心室解剖发掘（东—西）

解剖，也就是在塔心室东南角开挖了一个 2
米 ×2 米的小探方，一点点慢慢向下发掘。
2016 年 2 月 27 日，考古队开始对塔心室进
行解剖，发现塔心室下的地基都是由纯净的
黄褐色粉沙黏土夯筑而成，每层夯层厚约
0.1~0.2 米，致密而坚硬，做工考究。由于
空间小，土质硬，工作进展比较缓慢，至 3
月 4 日，在第 14 层夯土层下、距塔心室地
坪约 1.9 米的探方西北角，发现了一根木梁，
呈西南—东北走向，只露出了一小块，大部
分都在夯土里。木梁厚约 15 厘米，长、宽
暂时没法确定，于是继续向下发掘。在发掘
了 20 厘米后，又发现一根木梁，方向垂直
于上一根木梁，呈十字相交状，这根木梁宽
0.6 米，两端因伸入夯土层中，长度未知。

　　工作至此，由于木梁占了很大面积，已

图 16　隆平寺塔基夯土层中的木梁结构（上为北）

经很难再向下发掘了，经过讨论，决定将塔心室另外四分之三也分成三个小探方发掘，中间留一段隔梁，以做观察剖面用。至3月13日，塔心室下的木梁结构完整暴露（图15、16）。接下来，我们又选择了十字木梁的一个夹角继续向下发掘，同时也对塔心室外木梁两端进行了局部解剖，以期对木梁的结构有一个完整的认识。

木梁下夯土层继续向下做的目的有二：一是要继续解决塔基的结构问题，看夯土层还有多深；二是要搞清楚是否有地宫，因为文献记载了"中藏舍利"。塔心室下夯土层做到第32层、距地坪3.8米的时候，发现了一条顺砖砌筑的矮墙（图17）。这时心里也不免产生怀疑，地坪下3.8米还有砖墙，是什么功能呢？难道这座塔没有地宫吗？后经仔细观察，初步判断这个矮墙可能是地宫外围的围廊，已经到了塔基的底部了。这时我们又开始解剖十字木梁的另外三个夹角的夯土层。在发掘了4层约0.6米的夯土层后，东、西、北三个面各暴露出几块砖，砌筑的比较整齐，大体可以围成一个长方形，东西长约1.5、南北宽约1.2米。这时我们推测这个可能就是砖砌的地宫，虽然心里不能百分之百确定，但是终于有了新的发现。

这个疑似地宫的建筑位于十字木梁相交处的正下方，距木梁底部仅有几十厘米的空间，下一步如何发掘，我们也非常谨慎。为此先后于3月27日、4月13日召开了2次专家论证会（图18），专家一致同意继续向下发掘，但就发掘方法上并没有达成统一的意见。因此，塔心室部分的发掘暂停，继续对塔基外围部分进行局部解剖，解决木梁的结构与地基夯土范围的问题。同时将专家会的

图17　塔心室地基下矮墙（上为北）

意见上报上海市文物局，上海市文物局再向国家文物局汇报发掘遇到的困难，请求给予指导。

2016年6月1日，国家文物局考古处邀请了国内三名专家对青龙镇遗址进行了调研，召开专家会并形成了指导性意见：在发掘塔基的具体方法上，要以最小的干预，提取最多的信息，不能破坏梁架结构，并要求制定下一步发掘地宫的文物保护预案。

在制定发掘预案的时间里，我们对塔基外的结构继续进行解剖，并有了新的发现。塔基的建造顺序为先挖了一个直径约23米左右的基坑，然后再用精心选取的土分层夯筑形成地基。夯土层共33层，近4米厚，上部夯土为粉沙黏土，含沙量较大，中间有数层用黏土、黏土夹碎砖块交替夯筑而成。下部的夯土为黏性极大的黏土。粉沙黏土、粉沙夹砖夯层的优点是强度大，受力不易变形与沉降，但缺点是容易渗水。黏土的防水性能好，但强度不及粉沙黏土。所以整个地基在地下水以下的夯层中都用的是黏土夯筑，而上部用粉沙黏土和砖瓦交替夯筑，这

图18　专家考察隆平寺塔塔基发掘现场

样就在防水与强度之间找到了一个平衡点，而这也正是南方软土地质条件下古代地基筑造工艺的核心技术之一（图19）。

　　隆平寺塔副阶周长为48米，宋代塔高约等于副阶周长，如果再加上塔刹，推测塔高超过50米，这样一个高层建筑对地基产生的压强是非常大的。隆平寺塔地处长江三角洲冲积平原，为软土地质结构，西边紧邻通波塘，一旦有地下水渗入，极易产生不均匀沉降。因此，地基强度与防水是塔基建造非常重要的环节，地基结构的牢固与否是关系到古塔寿命长短的关键因素之一。我们在发掘到塔基底部、距地表近5米的深度时，基本还没有地下水，可见当时的地基防水处理非常好。而在周边的发掘区域，挖到1米以下就开始渗水了。

　　夯土中还发现了复杂的梁架结构，位于塔心室地坪下约2米处，用边长近8米的木梁围成一个方框，四角上分别搭一根抹角横梁，中间置两根长约8、宽0.6米的十字形木梁与抹角横梁垂直，十字形木梁下部正好是地宫的上口。在抹角横梁与木框的相交处，下置8个大缸承重（图20）。类似在塔基夯土

图19　隆平寺塔基塔心室的夯土结构及木梁

层中放置大缸的做法，在宁波天封塔的地基中也有发现，是放置了30个大缸。天封塔的建造年代为南宋绍兴十四年（1144），比隆平寺塔晚了一百多年，但两者在建筑工艺上是相近的。

　　在国家文物局召开专家会之后，我们即着手准备地宫的发掘。首先对地宫外面的结构进行了初步的清理。外侧由砖砌成，平面呈长方形，东西长1.48米，南北宽1.2米，高1.42米。地宫似佛塔造型，底部有束腰的须弥座，上口以4层青砖叠涩收顶，南北两侧出檐，顶部有盝顶形的覆石，地宫东、

图 20　隆平寺塔基抹角木梁与缸基叠压情况（北—南）

南、西三面有火焰状壸门。地宫外侧环绕一周砖砌围廊（图21）。

在此期间，我们制定地宫发掘预案时，对地宫里到底有什么样的文物，采取什么样的保护措施，一开始心里也没底。于是我们请了一家工业内窥镜公司到现场，试图在地宫砖缝上开一个直径1厘米的小孔，将探头伸入地宫内，进而观察文物的材质，以便制定相应的保护预案。但因地宫砖壁太厚，钻孔无法实施。之后，我们又请了一家可移动CT设备的公司，对地宫进行现场的CT扫描，遗憾的是，由于砖壁太厚，X射线无法穿透墙壁，最终也以失败告终。

此时，我们只能用传统的考古方法发掘了，同时根据可能出土的文物材质制定了详细的发掘预案。经过请示市文物局、博物馆领导，最后将地宫的发掘日期定在了2016年9月9日。9月8日，考古队将所有的发掘材料进行了最后一次检查，包括照相机、摄像机、灯光、测绘设备、文物包装材料、除氧剂、隔离膜等，同时和负责三维扫测的人员、摄影摄像人员、安全保卫人员等再次确认时间及工作预案。

万事俱备，只欠东风。从2015年10月23日正式开工发掘，到2016年9月8日，已经过去了将近一年，远远超过原计划的三个月的发掘时间。这期间，有惊喜，有挫折，有困惑，但更多的是期待。当晚，我躺在床上，辗转反侧，夜不能寐。有担心，因为地宫上面有木梁，空间狭小，机械设备都无法使用，只能全靠人力，担心明天的发掘会不会成功，能否顺利地打开地宫。有期待，地宫内部到底有什么样的文物，又藏着什么样的秘密呢？有感慨，近一千年前的青龙镇百姓，是怀着怎样的信仰，舍砖舍瓦，建起了如此宏伟的一座高塔，也把最虔诚的信仰

图 21　隆平寺塔基地宫清理完侧视图

1. 隆平寺塔地宫

2. 隆平寺塔地宫覆石揭取后

3. 隆平寺塔地宫第二层砖揭取后

4. 隆平寺塔地宫第三层覆砖揭取后

5. 隆平寺塔地宫第四层砖揭取后

6. 隆平寺塔地宫第六层砖揭取后

7. 隆平寺塔地宫第七层砖揭取后　　　　　8. 隆平寺塔地宫第八层砖揭取后

9. 隆平寺塔地宫第九层砖揭取后　　　　　10. 隆平寺塔地宫开启后

11. 隆平寺塔地宫石函钱币出土情况

图 22　隆平寺塔地宫发掘过程

和最美好的愿望埋入这深深的地宫之中。而在经历了近千年后，我有机会亲眼目睹这千年前的文物重现于世，这是多么难得的际遇啊！胡思乱想中，不知不觉已经夜里三点了，略睡了一会儿，五点就准备起床了。因为预计发掘要花很长的时间，所以必须清晨就要开工。

早上六点，我们把所有工具设备装车，径直开到工地。这时，市文物局、上海博物馆、青浦文广局等单位的领导陆续到场了。负责摄影、三维扫测、安全保卫、后勤等工作的30多人都已到场，所有准备工作就绪。9月9日清晨6:30，地宫发掘工作正式开始。首先，我们对地宫外部结构进行了三维扫测，花了大约两个小时时间。随后逐层揭开地宫的覆砖。9:39，第一层重120多斤的覆石移除，在其下的砖面上发现13枚铜钱，没想到刚一开始发掘就有收获，大家都很激动，信心大增。照相绘图后，将文物编号包装起来。10:43，开始覆砖的移除工作。覆砖共有九层，每揭开一层，都要进行画图、照相、编号等流程，是一项繁琐耗时的工作。第一层砖揭开后，又有25枚铜钱和一面铜镜出土。第二层砖揭开后，又发现81枚铜钱。第三层砖揭开后，发现7枚铜钱。第四层砖为菱角牙子做法，南北两侧出檐，其上三层逐层收分，模仿建筑两面坡屋顶的形状。第四层砖揭掉后，又发现了69枚铜钱。中午大家草草地吃了一口盒饭，就接着继续工作了。

上面覆石和四层砖是盖在地宫上面的，相对比较容易发掘。再向下发掘，就已经到了地宫的内部了，砖都嵌在宫室内，然后又用石灰灌浆将缝隙塞满，所以发掘起来难度增加了很多。又因为空间狭小，大家都只能弯腰蹲在木梁下工作，时间一久，都直不起腰来。不过由于工作时高度紧张，腰酸膝盖疼都已经抛在脑后了。

揭掉第五层砖后，又发现一块盝顶形覆石，与第一块覆石形状相似，尺寸略大，重170斤左右。在其上撒了178枚铜钱，周边有一些黑色的炭化有机质残留物，推测铜钱原应该是装在布袋或纸袋里再放在覆石上的。后面四层砖，都是嵌在地宫墙壁与覆石之间的，卡得很紧，空隙的地方都用楔子塞满，非常难提取（图22）。

22:41，地宫覆砖全部移除完毕，在这段时间里，大家只吃了一顿饭，也没怎么喝水。可能是紧张的工作驱散了饥饿感，竟然也没觉得饿。由于天气较热，一整天只去了一次洗手间。此时此刻，距离发掘的起始时间已过去了近16个小时。考虑到文物的安全，地宫的发掘工作必须一鼓作气，大家在狭小的空间内争分夺秒、克服重重困难，继续奋力工作。

最后一层的覆石移除后，地宫的内部结构与文物终于出现在眼前，一时间，现场掌声雷动。所有工作人员终于松了一口气，持续高强度工作的疲惫感也随之烟消云散。地宫宫室内壁为石板砌筑（图23），长74、宽24、高30厘米，地宫中部放置一个木函，函外左右各有一座阿育王塔（图24、25），宫室内铺满大量各时代的钱币，共计一万余枚。考古人员都按捺住激动的心情，小心翼翼地对其进行画图、照相、编号、提取、包装，此时已过子夜时分。木函整体打包后，当夜即送到距工地50公里的龙吴路上海博物馆文物保护与研究中心的库房。部分工作人员

图23　隆平寺塔基地宫清理完正视图

留下来继续后续的清理收尾工作，包括将所有的砖都运到驻地。回到驻地时已经是半夜两点多了，几个人吃了一些面包，洗完澡就休息了。虽然长时间的工作很辛苦，但是发掘比较顺利，收获也比较丰富。这些都是有幸亲历者的宝贵财富。

地宫内壁由五块石板砌筑，呈长方形，上盖盝顶形的覆石，应是整个地宫套函系统的第一层石函。石函的北壁为一块较厚的石板，侧面有两朵火焰纹，形状类似供台，应该是在营造地宫时将他处的石料拿来再利用的，说明隆平寺塔并非是严格的官式建筑，而是民间捐资供养的（图26）。盝顶是中国古代传统建筑的一种屋顶样式，常见于宋代中原地区的墓葬，隆平寺塔地宫的石函盝顶造

型应该仿自于此。地宫本身空间狭小，无法重复开启，则又反映出南方墓葬的影响。隆平寺塔地宫体现了南北方墓葬艺术对舍利瘗埋的影响。

盝顶形覆石的东西长度略小于石函，以至于两侧都有一厘米左右的缝隙，与之对应的外侧砖砌的地宫东西两侧的壶门，并没有用砖完全封死，分别有一个通道（图27）。这样，从石函到砖砌地宫的壶门，是内外相通的，是在建造地宫时有意的设计，其背后究竟有何深意？是否是将银棺内供养的佛像赋予了灵魂的观念，以至于要留下沟通内外的通道？这些都有待于进一步的研究。

石函内中置一个木函，东西两侧各有一座阿育王塔。东侧为铅贴金阿育王塔，方形

图 24 地宫出土铅贴金阿育王塔

图 25　地宫出土铜阿育王塔

图 26　地宫石函北侧石板上的火焰纹

图 27　地宫东侧壸门的通道

图 28　铜箕形砚

图 29　金"太上"铭人物纹饰件

图 30　"禄合"铜印

中空，外形作单层束腰状，自下而上由基座、塔身、山花蕉叶、塔刹四部分组成。基座为方形，每面以菩提树间隔饰坐佛四尊。塔身方形，四面透雕装饰佛本生故事，分别为"萨埵太子舍身饲虎"、"尸毗王割肉贸鸽"、"快目王舍眼"和"月光王施首"本生，每面一幅图像，布局作一图一景式。四角各立一只金翅鸟。塔顶四角耸立四根蕉叶状山花，每角向外的部分有两个面，各分上下两层，铸有反映佛祖一生事迹的佛传故事画16幅。每角山花蕉叶上有4幅图像，布局以连环画形式展开，生动地反映了佛祖诞生、在家、出家、成道与传教等生平的重要场面，如胁下降生、步步生莲、二龙灌浴、比武掷象、削发出家、连河洗污、牧女献糜、初转法轮等，表现了释迦牟尼传奇的一生。内侧铸佛禅定和说法等像。塔刹由木质刹杆、五重相轮和顶部的火焰宝珠等构成，塔刹的底座装饰12瓣覆莲，五重相轮上饰忍冬、联珠纹，底轮最大，往上渐收。木质刹杆嵌插在塔底封板上。

铜箕形砚出土于地宫石函底部。箕形砚又称"风字砚"，形如簸箕，盛唐时出现并流行，宋、辽、金一直沿用。此箕形砚砚首着地，首尾圆弧，砚首窄而砚尾宽，两侧边内收，砚堂呈坡状，尾端有二长方形足。考古出土的箕形砚多为陶、石质地，青铜砚较为少见。此砚线条流畅，比例协调，造型小巧，应为妇女点妆之用（图28）。

金"太上"铭人物纹饰件，出土于地宫石函底部。在椭圆形金片上，錾刻出一人形图像，该人物面向右前方站立，头戴通天冠，身着圆领长袍，脚踩弓履。双臂屈于胸前，手中执笏。图像右侧錾刻"太上"二字。所

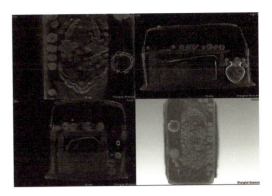

图31　木函CT扫描图

戴通天冠，冠身向后倾斜，只刻出两根简化的梁。此种冠有等距分布的梁，是唐宋时期的风格，一般为十二或二十四梁，只有地位很高的人才可佩戴。这样的衣冠式样，在《朝元仙仗图》、永乐宫三清殿壁画里也有，结合"太上"二字刻铭，我们可以推定金片所刻图像和道教人物有关（图29）。

"禄合"铜印，出土于地宫石函底部。铜质，鼻钮。整体铸造，低印台、浅印腔，鼻钮高耸近2厘米，厚度不及0.2厘米，钮上部有圆形穿孔。该印是有明确时代下限的实用器，串联起了唐宋两个时代的私印形制，具有重要价值（图30）。

9月12日，上海博物馆文保中心对木函进行了CT扫描，确定木函为四重套函，加上外侧的石函，应该是五重套函，更符合佛教仪轨。后经清理，木函内依次还有铁函、木贴金椁、银棺层层相套（图31、32）。

木函出土于地宫石函中部，木质，由函身和盖组成，为地宫五重套函的第二层函。一头略大，一头小，仿木棺结构。函身由五块木板拼接而成，侧面四块为燕尾榫套接，

1. 木函开启后

2. 铁函

3. 铁函开启后

4. 木贴金椁开启后

图 32　地宫出土套函

5. 银棺开启后

并用铁钉加固。底板为抹角，与侧面木板用铁钉钉牢。

　　在木函与铁函的空隙处，放置了银镯、铜花卉纹镯、银鎏金嵌漆木柄双鱼纹匙、银嵌竹节纹漆木箸、银折股钗、线刻佛像铜镜、银鎏金龟等多种材质的供奉品（图33）。

　　在铁函与木贴金椁的空隙处共发现三百

颗水晶珠，皆有穿孔，原应是放置在木贴金椁盖板上的几串佛珠，由于串珠的线绳氧化朽蚀，致使珠子散落，部分掉到铁函与木贴金椁的侧面缝隙里。伴出有莲瓣形珠托五片，银鎏金未敷莲坠脚一枚。南京大报恩寺塔地宫发现两串水晶念珠，其中一串保存完好，由一百零七颗水晶珠以丝绳串成，上、下各

图33 银鎏金嵌漆木柄双鱼纹匙

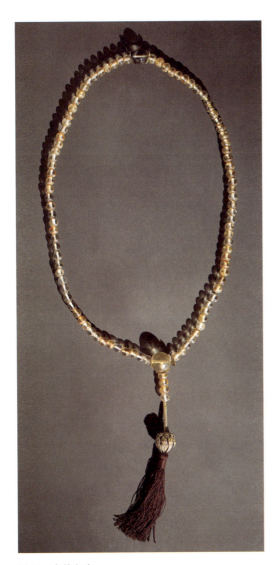

图34 水晶念珠

为一颗大珠，其间串连小珠，一侧五十颗，另一侧四十九颗，大小珠之间以桃花形铜片分隔。底部大珠之下分两叉，各串三颗小珠，再接莲苞形铜坠脚，下垂丝穗。隆平寺塔地宫出土的念珠，也有包裹水晶珠的莲瓣形珠托及银末敷莲坠脚，还有三颗水晶珠是三通形的穿孔。根据大报恩寺塔地宫出土的念珠形制，一颗三通水晶珠代表一串，亦即隆平寺塔地宫出土的水晶为三串。至于每串念珠的珠子数量，已无从知晓。我们用视频显微镜将每一颗珠子的尺寸进行了精确测量，结合叠压关系进行了初步复原。关于念珠串珠的数量，至少在北宋中期，似乎还没有形成固定的制式（图34）。

铜瓶与舍利出土于铁函内。铜瓶圆唇，侈口，溜肩，下腹斜收，圜底，肩部饰数周凹弦纹。铜瓶位于铁函内一侧，内装三颗水晶球，直径分别为2.08、1.67、1.68厘米；一颗铅球，直径1.08厘米。浙江瑞安北宋慧光塔出土两只银瓶，其中一只高4.6厘米，内贮石珠若干粒。腹部刻："试校书郎守县尉柳珣为资荐先考秘丞，谨舍西天感应舍利

图 35 铜瓶与舍利

二十颗入仙岩寺塔下，伏愿仗此良因，永生净土。"隆平寺塔地宫出土的水晶球、铅球与之相似，也应该是感应舍利，铜瓶则为舍利瓶（图 35）。

最里一重银棺供奉有"右胁卧狮子床"涅槃像。佛像右手枕于头下，侧身平卧，左手平抚体侧，神态平和坦然，符合佛祖涅槃之圆满相。此尊卧佛的顶髻和白毫处镶嵌有大小珍珠，同时在银函底部铺有一层细小的彩石，边上有块状香料，这些都是虔诚供养的表现，也是整个地宫最核心的瘗埋（图 36）。

涅槃像下面铺有一层芥粒大小的五彩石子，材质为水晶、玛瑙等，多为椭圆形，较

光滑。宋嘉祐七年（1062）《隆平寺宝塔铭》载："今天子与天下民植福，而此镇西临大江，与海相接，茫然无辨，近无标准，远何由知，故大舟迅风，直过海口，百无一二而能入者，因此失势飘入深波石焦，没舟陷人，屡有之矣。若建是塔，中安舍利，远近知路，贾客如归……"考古发掘与文献相印证，说明此即为感应舍利（图 37）。在全国各地的塔基地宫里多有出土类似的感应舍利。

从木函逐层向内的清理过程中，发现每一层函外都用丝或者麻布包裹，绝大部分已炭化腐朽，仅留有少量的残片及贴在棺椁上的丝麻织品印痕。这或许也是模仿了墓葬棺椁上的荒帷。

图 36　木贴金释迦牟尼涅槃像

图 37　银棺底部的感应舍利

三、蓦然回首
—— 一些粗浅的想法

考古发现不等于考古研究，今后的研究还有很长的路要走。目前问题远比答案要多，下面略谈一些粗浅的想法。

隆平寺塔的发现对于青龙镇的市镇布局研究是重大的突破，通过此次发掘，有望进一步厘清青龙镇北部的布局，为青龙港港口位置的确定提供线索。虽然中国有很长的海岸线，但因为大陆架平缓，缺少天然的良港，港口多位于大河的入海口。一则以大河的支流作为泊船点，避免海潮倒灌时殃及船只。二则因大河沟通广阔的内陆，可作为贸易的纵深腹地。但因河流每年携带大量泥沙淤积于河口三角洲，造成陆地的扩张，对河流的发育产生影响，最终导致港口的位置随着河流的变化而变化，进而对市镇的生长、繁荣、衰落产生重要影响。由于吴淞江的淤塞，青龙镇的港口功能逐渐转移到下游兴起的上海镇。

隆平寺塔的发现对于佛教考古是重要的资料。一是与隋唐时期国家主导建造的寺院不同，隆平寺塔是由民间捐资建造的。二是关于寺院布局的问题，佛塔已经不在中轴线上，而是偏于西南一隅。三是地宫里出土的文物，多为女性用品，包括舍入的塔砖上的模印文字，也多为女性。这里涉及北宋时期佛教信徒中男女性别的关系，是一个很有趣的问题。四是关于地宫的式样与函的关系，正如一些学者所说，砖砌地宫里的石板也应该是一重函，总共应该是五重函，符合佛教仪轨。

本次发掘非常注重过程的记录，尤其是对发掘工作过程的记录。我个人认为，记录发掘对象与记录发掘者本身具有同样重要的作用。我们每天下工时从同一个角度对遗址现场拍一张照片，可以看出遗址发掘的进度变化。在部分场合采用延时摄影的手段，减少大容量视频占用空间，提高资料的利用效率。在发掘地宫时，同时架设了多台摄像机，还有头戴式摄像机，拍摄具有第一人称代入感的视频，还用无人机拍摄了大量的临空视频。在发掘结束后，即刻请专业人员剪辑了四段视频，在专家论证会（**链接：上海青龙镇遗址专家论证会会议纪要**）和新闻发布会上发布，取得了很好的宣传效果。视频同时也在上海博物馆的微信公号里发布，让社会公众及早共享考古成果。公众考古主要不是我们要不要做的问题，而是我们有没有能力做、能不能做到让大众感兴趣的问题。考古工作者有义务第一时间和大众分享考古成果。通过本次工作，积累了很多公众考古的经验。

过去和未来一样充满未解之谜，都值得我们去探索。考古是通过古人遗留下来的遗迹与遗物，去重构过去的历史，进而探讨社会发展的一般法则。但由于过去遗留下的遗迹与遗物，可能连万分之一都不到，所以时常感到困惑，我们仅靠留存下的这一点点信息，是否能准确地还原过去的历史？或者如新历史主义大师怀特所说：告诉我们对这种事情应该向哪个方向去思考，并在我们的思想里注入不同的感情价值。

很多时候，特别希望有这样一副眼镜，当我戴上它时，过去的历史就像电影一样一幕幕地闪过。那样，或许就不再有困惑与疑虑。

————————— **上海青龙镇遗址专家论证会会议纪要**

针对上海青龙镇遗址考古的重要收获，2016年12月2日，由上海博物馆召开了专家论证会，会议邀请了十余位专家学者对遗址进行了实地考察，并围绕青龙镇遗址在上海城镇史、江南市镇发展与海上丝绸之路上的地位与作用等问题进行了座谈。上海博物馆杨志刚馆长致欢迎辞并主持论证会。会议上，专家们对青龙镇遗址发掘的重要成果给予了充分肯定，并对下一步工作提出建议，最后王巍先生进行了总结发言。现将专家发言内容摘要记述如下。

刘庆柱
中国社会科学院考古研究所研究员、学部委员

近年来，青龙镇遗址的考古以市镇作为一个社会单元，揭示的是当时最基层的政府，不仅包括宗教信仰，也包括一般居民和城镇生活中的方方面面。青龙镇与上海城市发展有着密切关系，它是现代化上海城市崛起的重要发源地。青龙镇遗址发现的大量瓷器来自不同窑口，如此多的瓷器集中在这里，很可能用于外销。而根据文献记载，所发现的隆平寺塔还具备灯塔的性质。这些都说明唐宋时期青龙镇遗址是非常重要的港口。海上丝绸之路随着历史发展是从南向北迁徙的，从秦汉时期的合浦，到西汉的番禺，到中古之后的福建泉州，到封建后期的宁波，再到近代上海。从航运路线而言，海上丝绸之路呈"人"字形，一是往东南亚，一是往东北亚，分界点就是长江三角洲地区，而上海正处于这个节点上。

信立祥
中国国家博物馆研究员

青龙镇的发掘成果可以与历史文献相印证，使得我们对于它在海上丝绸之路中发挥的作用可以进行清晰的评估，海上丝绸之路又新添了一个非常重要的节点。从现有考古现象看，隆平寺是一个私家寺院，而隆平寺塔不仅具有佛教上的意义，建塔还考虑了经济发展的需要，更重要的是它还与海上贸易直接相关，该塔在总体市镇规划中又有着地理坐标的意义，一定程度上揭示了青龙镇的布局。所以，这次发掘成果不仅仅是在考古学上，还有在经济史、社会史上的意义。

焦南峰

陕西省考古研究院研究员

隆平寺塔地宫的埋藏方式与北方发现的分属两个系统。从目前的发掘情况来看，可以基本复原出隆平寺塔建造的完整程序，发掘比较清晰地揭示了宋代南方佛塔的建筑工艺。我更关注的是青龙镇遗址聚落考古方面的成果。在历史时期考古中，除了都城考古外，还缺乏对基层社会单位的研究，而青龙镇遗址考古的发掘方法与理念契合国家文物局关于大遗址保护和考古的要求。青龙镇遗址以唐宋时期的市镇为工作目标，旨在了解历史时期中小城镇的发展、普通百姓的生活，在考古学研究上具有很重要的意义。希望今后上海博物馆能够持之以恒地揭示出整个青龙镇遗址的全貌。

朱岩石

中国社会科学院考古研究所汉唐研究室主任、研究员

以隆平寺塔为代表的遗存，时代具有复杂性，不单纯是北宋，所以遗址的编年研究非常重要，它对整个区域的研究也有很重要的意义。隆平寺塔的地宫，严格意义上应该属于舍利瘗埋的砖函系统，它最早发现于北魏时期。如果算上外侧的砖函，连同内部的多重宝函，是五重结构，这也符合佛教仪轨制度。隆平寺塔基的发掘也非常重要，发掘通过局部解剖复原建造技术的方法值得肯定，它提供了非常丰富的细节信息。建议今后进一步弄清隆平寺寺院的布局。

杭侃

北京大学考古文博学院院长、教授

封建社会后期，市镇是社会最重要的一个细胞，其他地区也有机会做类似的市镇考古，比如叶县文集、密州板桥镇等，但是由于各种原因没有开展工作，青龙镇遗址考古工作对同类型市镇考古有着重要借鉴意义。联系到海上丝绸之路研究，还缺乏市镇类型的地点，因此青龙镇遗址填补了这类遗存的空白。隆平寺塔舍利瘗埋方式符合南方主流的特点，地宫一词出现在宋代，所谓的地宫可以分成两大系统，一种是从北魏延续下来的竖穴式地宫，另一种是可以反复开启的地宫。后者在南方基本没有发现，而竖穴式地宫在两宋时期受到了南方地区墓葬形制的影响，包括像隆平寺地宫发现的多重宝函瘗埋形式等。

高蒙河

复旦大学文物与博物馆学系教授

青龙镇遗址所在区域受到城镇化建设的影响较小，地表大多为农田，因此地下遗存相对完好。上海博物馆对青龙镇遗址已经开展了长期的工作，并且划定了保护范围，今后这个遗址将是大有可为的场所。上海的古塔很多都是沿河分布的，都具有灯塔的功能。比如青龙镇附近的泖塔曾经被列为世界百大灯塔，隆平寺塔和青龙塔也是沿通波塘分布的，这是应该注意的问题。另外，还要注意青龙镇遗址的地理位置与泉州港、宁波港这样的海港不一样，它是河口海岸，属于沿江沿河分布的港口，所以河道淤塞与港口的兴废关系很大。

楼建龙

福建博物院考古研究所所长、研究员

从目前福建发掘的塔基遗址来看，很多塔都有地宫，一般不大，都是不能重复开启的，地宫内多有铜镜和铜钱，质量相对较差，但是与隆平寺塔地宫的做法基本相似。从地基的处理方式而言，福建古塔也多以夯筑的形式建造，两个地区具有一定的相似性。今后工作要注意隆平寺塔与寺院的关系，需要扩大调查和发掘范围，弄清隆平寺的平面布局。

郭伟民

湖南省文物考古研究所所长、研究员

从田野考古的角度来说，青龙镇遗址的发掘体现出相当高的水平，从青龙镇遗址考古规划设计、考古勘探到隆平寺塔塔基的发掘，工作规范严谨。在考古与文物保护方面，采用了CT扫描技术等，是出土文物应急保护的成功范例。从青龙镇看上海早期的城镇发展史是非常有意义的。发掘出土了大量的遗物，证明上海成为东亚的商贸中心，不是一两天形成的，而是有早期的考古学的实证。因此青龙镇对于研究上海区域丝绸之路具有重要意义。海上丝绸之路的兴起，与唐宋时期中国政治、社会变迁有明显的联系，青龙镇遗址要从大遗址考古的角度出发，从海上丝绸之路重要节点来考虑今后的工作，今后可以把它作为一个长期的考古基地。青龙镇遗址发现了大量的长沙窑瓷器，再次证明了长沙窑在唐宋时期作为重要外销瓷器窑口的可靠性和重要性。

曹兵武

《中国文物报》总编辑

青龙镇出土的瓷器与地宫里的文物，放在全国范围内，也是非常重要的。塔的建筑工艺，包括建筑过程中民间力量的参与，是一个很重要的问题。作为城市考古、丝路贸易的一个课题，出土的大量瓷器，它的产地来源，将要销往何方，都是今后要重点研究的问题。青龙镇可以作为城市考古的一个标本，与城市的发展、形成关联起来，与文物保护、文化宣传结合起来。

孙新民

河南省文物考古研究院研究员

青龙镇发现的瓷器，除了南方窑口外，也有少量的北方窑口的瓷器，唐代有邢窑、巩县窑，北宋有许多河南的青瓷，主要是耀州窑系。根据河南考古的经验，使用过的瓷器底部常常有墨书痕迹。青龙镇目前发现的大量瓷器没有这种情况，它们应该属于贸易瓷器。在考虑青龙镇遗址作为贸易港口功能的时候，还需要思考瓷器外销和内销的关系。从目前的发现而言，青龙镇遗址的发现为海上丝绸之路增加一个新的节点。由于青龙镇遗址考古的重要性，它作为上海城市发展的一个起点，建议未来要做好大遗址规划，隆平寺塔遗迹今后可以进行现场展示。

沈岳明

浙江省文物考古研究所书记、研究员

青龙镇遗址出土的瓷器基本为唐宋两个阶段。唐代瓷器中有许多德清窑的瓷器，可能在唐代瓷器中比例最高。目前海外发现最早的中国瓷器的是朝鲜半岛地区，可以追溯到东晋、南朝时期，其中就有德清窑的瓷器。青龙镇遗址的发现为考虑德清窑瓷器外销提供了重要的线索。从地理位置来看，德清窑紧邻东苕溪，经东苕溪到太湖，然后沿吴淞江到青龙镇，再运往海外，这是最便捷的道路。这个推测成立的话，海外发现的许多德清窑的瓷器很可能就是从青龙镇出口的，所以说青龙镇是海上丝绸之路重要的港口。

宋建

上海博物馆考古研究部原主任、研究员

从发掘方法来说，青龙镇遗址考古工作采用的技术手段比较全面，有三维扫描、各类影像记录等。对于隆平寺塔塔基的发掘，考古工作也一直比较谨慎，尤其是关于地宫的发掘，开了几次专家论证会，最后找到考古与文物保护的平衡点。青龙镇遗址今后还需要以聚落考古的理念进一步加强工作，除了关注青龙镇这样一个中心城镇，还要关注周边是否有附属的小型村落。此外，青龙镇的聚落考古还需要注意市镇布局中的道路系统，包括陆路系统和水路系统。另外，青龙镇遗址今后工作中还要注意人地关系问题。元代著名的水利专家任仁发就是青龙镇人，他的主要功绩就是治理疏浚吴淞江。吴淞江的淤塞与上海城市发展有着密切关系，这也是青龙镇遗址考古研究今后需要关注的问题。

王巍
中国社会科学院考古研究所所长、研究员、学部委员

一、青龙镇遗址田野考古成绩出色，工作思路先进。青龙镇遗址的发掘采用聚落考古的方法，以一个市镇为研究对象，代表了今后大遗址考古的一个重要的、亟待加强研究的方向。青龙镇遗址考古是历史时期中小型城镇聚落考古的一个成功的范例。隆平寺塔基发掘不局限于对地宫的发掘，而是重视对于塔基修建过程的研究。为了有效保护现场遗迹，考古工作采用了最小干预式的发掘方法，取得了良好的效果。此外，发掘和文物保护紧密结合，采用多种手段，有效地对出土文物进行了应急保护处理，这在今后发掘中具有典范的意义。

二、青龙镇遗址成果意义非凡。青龙镇遗址是上海城市形成、发展史上的一个重要发现，是千年上海的重要实证。考古发现也确证了青龙镇是上海最早的对外贸易港口，改写了以往对海上丝绸之路贸易路线与格局的认识。今后的研究应该注意与日本九州鸿胪馆等地的考古发现进行比较研究。

三、工作的建议。今后需要进一步弄清隆平寺的寺院布局，如经堂等建筑的位置；建议加大青龙镇遗址工作的力度，需要弄清码头、港口等重要设施；加强科技考古勘探方法，比如采用磁力仪探测等手段；加大宣传力度，引起市、区各级政府的重视，并积极申请国家文物局项目，争取对青龙镇遗址进行长期的考古工作。

（会议纪要根据现场录音整理而成，未经专家审阅。整理：王建文、陈杰）

青龙镇遗址文物保护与科技分析

隆平寺塔地宫出土文物的应急保护预案

徐方圆

一、地宫出土文物的应急保护

　　隆平寺塔地宫可能会有比较珍贵的文物出土，这些文物埋藏在地下，长期处在一个深埋、无光、缺氧、湿度很大甚至长期浸泡在水中，或者温度基本不变或变化不大的平衡体系中。发掘出土后马上接触到一个含氧量丰富、温度大幅度、频繁变化、光照特别是紫外光、环境中漂浮大量的微生物孢子、昆虫虫卵等与地下埋藏环境完全不同的环境。由于环境突变，会使文物受到严重甚至是毁灭性的损害。为了减少文物在考古发掘现场因环境突变而遭到的破坏，必须现场就进行应急的稳定性处理，使其得到及时的、科学的抢救性保护，才能使文物实体及其所携带的各类信息全面、安全、完整地保存下来。

　　隆平寺塔地宫发掘现场文物保护的主要任务有以下三点：一、尽可能减少环境突变对考古发掘现场出土文物的破坏；二、对考古发掘现场出土的文物进行杀菌、预加固等稳定性处理；三、考古发掘现场环境需进行全面调查、记录。

　　针对隆平寺塔地宫的发掘情况，需在现场对地宫内的文物进行清理。这种方案的具体工作内容包括：现场文物采集时的稳定性处理；发掘现场文物出土时的环境控制；现场出土文物的提取。由于目前无法预计地宫内出土的文物种类，因此该方案针对可能出土的文物种类进行简要概述，具体发掘时需根据实际情况进行调整。

　　1. 饱水漆木竹器：为防止发掘现场出土饱水漆木竹器因湿度突降迅速失水而导致收缩变形、开裂，可在提取前用喷洒含杀菌防霉剂水溶液的麻袋包盖，如果器物较小时，可制作保湿、防光、防霉、防虫的小环境保存。为了防止木质中铁离子污染使文物变色，出土后用去离子水或 5%EDTA-2Na 浸泡、络合、抽提、清洗除去木质中的铁离子。

　　2. 纺织品文物：干燥环镜中出土完好的纺织品文物，取出后应该放在避光、有防虫剂、干燥的密闭容器中保存；而潮湿环境中出土糟朽的纺织品文物，应及时整体避光提取并转移。

　　3. 铁器：铁器提取离开发掘现场迅速进行干燥处理后，放在一个真空干燥器中，使铁器处在一无氧、无水、无有害气体、无灰尘的安全环境中保证它不再生锈。

4.骨角质文物：表面看似完整而又一触即碎的骨角质、象牙类文物，提取前应予以加固，然后再整体提取，加固剂可逆性要好，以便提取回实验室清理修复时粘在文物上的泥土能用溶剂软化后除去。

考虑到遗址发掘现场条件的限制，提取出的各类文物在初步稳定化处理后，尽快采用低氧密封、避光的方式转移至实验室进行后续的清理、修复、保护处理。低氧密封、避光容器可采用阻隔膜现场制作密封袋，也可采用市场购置的密封盒。在密封容器内按照容器大小配备一定量的除氧剂，以降低容器内的氧气含量，营造低氧环境。

二、现场木质文物应急保护方案

青龙镇遗址考古发现的隆平寺塔遗址，涉及众多的大型木构件出土。从初步清理发掘结果看，塔基部分有多根大型木构件，塔的地宫也有木构件进行结构支护。目前已有木构件暴露于空气中，直接受到外界环境的雨淋，出现木材腐蚀劣化的现象，亟需进行必要的应急保护处理。为配合隆平寺塔的考古发掘，进行遗址部分文物的原址保护。此次现场木质文物应急保护方案主要针对塔基部分挖掘出土的大型木构件。工作步骤如下。

1.清洗木构件

配合考古发掘，对露头和出土的木构件进行及时清理、分析。具体步骤如下。

（1）按照考古发掘的进度，清理、清洗木构件。

（2）对这些木构件的保存现状进行进一步的考察分析。测试泥土、木构件的含水率和离子含量，分析木构件的糟朽情况，为进一步处理提供科学依据。

2.杀菌抑制木材败坏处理

遗址出土的木构件在长期埋藏环境中和在出土后暴露于空气环境中，极易发生霉变腐朽或遭受害虫侵蚀。因此，在脱盐、脱水、加固和以后的干燥过程中，必须采取防霉、防腐和防虫处理。具体方法为使用百杀得（BO-PLUS）杀菌剂配制成5%左右的浓度，定期（一周一次）喷洒在这些木构件的周围。由于木构件与土体相连，因此淤泥和木桩需同时杀菌。

三、遗址现场安全保卫方案

根据文物安全保卫的需要，我们将在隆平寺塔基发掘现场按照国家相关规定《文物系统博物馆风险等级和安全防护级别的规定GA27-2002》中的要求，对现场实施二级风险现场保护，并根据《GBT16571-2012博物馆和文物保护单位安全防范系统要求》对现场安防、视频等系统进行设计、施工和验收。视频监控保卫系统包括视频监控系统、防盗报警系统、周界防护系统、灯光辅助系统、电力供应系统、110联网等几项安全措施，还在现场搭建一个安保亭，用于安保人员值班与监控设备等置放，24小时对遗址现场进行安全保卫工作，确保文物安全。

隆平寺塔基地宫出土套函 X-CT 扫描

丁忠明

隆平寺塔基地宫出土一个套函，由于第二层为铁质函，锈蚀非常严重，在不明情况下，先安排了 CT 扫描。通过 CT 扫描可以了解铁函的锈蚀状况及其内部的物件，有助于进一步安全打开铁函。

将铁函整体放在 CT 扫描系统的转台上，X 射线穿过铁函，之后探测器接收到不同强度的 X 射线，对其进行三维整体扫描（图1）。

通过扫描后的图像，了解到在密封的铁函内部还有一层木函（木贴金椁）和一个金属瓶。木函（木贴金椁）盖上还放置很多穿孔的珠子（佛珠）及一些金属文物，其中包括一个金属未敷莲。金属瓶无盖，底部有四颗不穿孔的圆珠，上面叠压了一些穿孔的珠子。木函（木贴金椁）五面（除了底面）的外侧都有精美的浮雕纹饰；木函（木贴金椁）内部还有一个很薄的银函（银棺），金属函内放置有一尊佛像，下面垫有细小颗粒物，且佛像整体浸在液体中。

通过对套函内器物的摆放位置、形状、灰度值等信息的分析，从而判定是哪类器物，使我们在打开前做好充分的准备，对后期的保护处理有积极的指导意义。

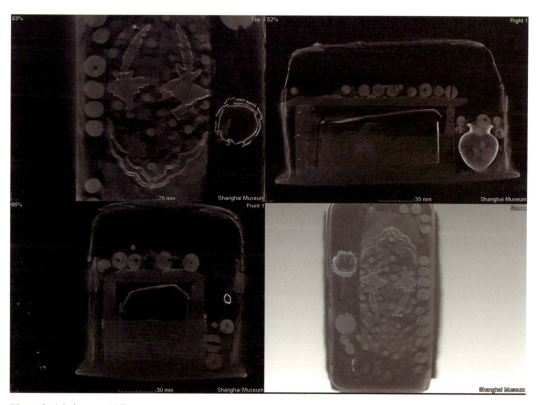

图1　隆平寺套函 CT 图像

拉曼光谱分析技术在青龙镇出土文物保护中的应用

黄河

拉曼光谱分析技术，是基于印度科学家拉曼（C.V.Raman）所发现的拉曼散射效应，对与入射光频率不同的散射光谱进行分析以得到分子振动、转动方面的信息，并应用于分子结构研究的一种分析方法。根据文物的特殊性，上海博物馆文物保护科技中心与仪器厂商合作，开发定制了应用于大样品原位分析的拉曼检测平台和自动平移对焦光纤测量系统。这样，不但小型文物可以在样品台上进行分析，大型文物的检测也可以通过原位分析平台或光纤测量系统来实现，满足了不同文物的分析需求。利用拉曼光谱分析技术，上博文保中心对隆平寺塔基地宫出土的系列文物进行了检测（图2、3）。

在地宫出土的铁函中，发现有大量的珠子。这些珠子原先应由绳子串起，但经过近千年，绳子已糟朽，只剩下散落的珠子。利用拉曼光谱对串珠的分子结构进行了定性研究，经图谱分析比对，发现绝大多数的珠子为水晶材质。据史料记载，宋代确实存在用水晶制作珠子的技术工艺，拉曼光谱分析的结果从一个侧面为文献提供了佐证（图4）。

在地宫出土的银棺表面，发现了一些铜的锈蚀产物。这可能与当时银的冶炼纯度不高、掺杂有一定比例的铜进而产生了铜锈有关。这些铜锈对文物是否有害？是否有必要去除？这些问题可以借助拉曼光谱分析来找到答案。经过分析检测，确定了该锈蚀产物为碱式碳酸铜，是一种较为常见的铜的锈蚀物，其性质较为稳定，一般情况下不会对文物本体产生损害。锈蚀产物的鉴别，为后续的文物保护修复方案提供了科学依据（图5）。

图 2　拉曼光谱分析仪

图 3　大样品原位分析检测平台

图 4　水晶串珠结构分析

图 5　用自动平移对焦光纤测量系统对银棺锈蚀产物进行分析

隆平寺地宫出土木质文物的保护

徐方圆　沈依嘉

隆平寺塔基地宫中出土的木质文物主要有木函、木贴金椁和佛祖涅槃像。这些木质文物在饱含水汽的地宫内存放了近千年，将其精美的一面呈现给世人的同时，如何继续保存、流传也是令人担忧的问题。它们长期浸润在水中，水已经充分进入木材中，对木质产生了腐蚀。为了能长久地保护这些木质文物，需要进行一系列的保护处理工作。

首先进行清洗，将表面附着的淤泥和铁锈去除。在清洗的过程中遇到了两个问题。第一，发现每层函上原先都包裹了一层织物，这些织物已经完全腐烂，与淤泥铁锈混杂在一起。为了不丢失这些织物的信息，对清洗液进行了收集，为后续织物的进一步研究提供了样本（图6）。第二，由于木贴金椁和佛祖涅槃像表面的贴金非常脆弱，为防止底层的金箔随淤泥一起脱落，先喷水软化，在不伤及贴金层的情况下用软毛笔小心蘸取，以去除污迹（图7~9）。

其次，脱水定型保护。这些出土的木质文物内部已饱含水分，若长期饱水会加速其腐蚀，也不利于以后的保存、展览，因此需要进行脱水。但是，若在自然环境下任其干燥，将有可能发生不同程度的收缩、变形或开裂等病害，因此，需针对具体情况选择与之相适宜的定型脱水方法。为选择合适的脱水定型方法，需对这些木质文物的保存状况进行检测。从表观上看，木质比较坚硬、完整，无明显破损，木材的含水量不高。棺内积液和清洗液的离子含量分析表明，这些文物内的盐含量不高，无需进行脱盐处理。因此，针对木函的保存现状，采用受控的自然干燥方法。即在外部固形的基础上将木函中的水分缓慢自然蒸发，定期观察其状况。对于木贴金椁和佛祖涅槃像，由于表面贴金，采用自然干燥会造成表面微量的收缩而引起金箔脱落，因此，目前采用保湿的方式进行预处理，同时考虑用化学试剂浸泡的方式从内部对木质纤维孔洞进行定型，同时置换出纤维内的水分（图10）。

木质文物的保护处理是一个漫长的过程，需要根据文物的实际状况不断调整保护处理方案。

图 6　木贴金椁表面织物痕迹

图 7　木贴金椁盖清理前

图 8　蘸取方式清理木贴金椁表面淤泥

图 9　木贴金椁盖清理后

图 10　木函受控自然干燥脱水定型

隆平寺塔基地宫出土金属文物的保护处理

周浩

　　隆平寺塔基地宫出土大量珍贵金属文物，其中包括十几件青铜器及银器。由于在潮湿地下环境中经过长期埋藏，部分青铜器及银器表面锈蚀严重，有较厚的硬质矿化物沉积在表面，发掘出土后，暴露于大气环境中，很容易进一步诱发新的腐蚀损害，因此需及时进行除锈和保护处理工作。

　　隆平寺塔基地宫出土文物的特殊性要求所提供的除锈处理应用材料及其技术手段必须具备极高的安全性，同时对艺术品原有结构的影响是最小化的。激光清洗方案为操作者提供了一个可以与当前物理和化学手段集成的全新的工具。因激光具有侵入最小化、很高的可控程度、选择性和高精确性的显著优势，激光清洗技术现在已被国际各大文博机构肯定，并成为一个被广泛接受的历史文化遗产保护与修复工艺技术手段。

　　上海博物馆文物保护科技中心采用目前国内外最先进的 Nd：YAG1064nm 波长的双模（LQS+SFR 模式）激光清洗机，对锈蚀严重的金属文物进行除锈清洗。将附着在金属文物表面的硬质锈垢逐一剥离去除。

　　经过除锈处理后，进一步采用自主研发的有机复配唑系缓蚀剂应用于隆平寺地宫出土金属文物的保护处理。处理后，有机复配缓蚀剂之间显示出优良的协同效应，于金属表面形成的保护膜薄而致密，从而有效地防止地宫出土金属文物进一步受到腐蚀介质的侵蚀，综合保护处理效果较理想（图11）。

1. 除锈保护处理前　　　　2. 除锈保护处理后

图 11　隆平寺地宫出土银质文物（折股钗）除锈保护处理前后照片对比

阿育王塔的修复

张佩琛

隆平寺塔基地宫石函内出土两件阿育王塔，表面被淤泥和沉积物覆盖，且有不同程度的破损与断裂。为了尽量恢复其原貌，根据实际情况对其制定了修复方案。

第一步，清洗。首先对其进行初步去离子水浸泡与清洗，洗去表面淤泥及松散沉积物，使得破损处进一步显露。

第二步，测试分析。通过对清洗后的塔进行成分分析，发现其中一件为铜质，另一件采用了铜铅金属铸造配件后焊接拼接，再表面贴金箔的工艺。由于后者长期浸泡在水中，中间起关键支撑作用的木质塔柱已溃烂，使得塔身整体散架与局部断裂。

第三步，去锈。对铜质塔身表面的氧化锈层进行超声波去锈清洗。

第四步，加固。贴金塔身在自然脱水过程中由于贴金层下的胶质成分早已炭化，使得表层金箔开始起壳与脱落，采用天然树胶对其进行渗透加固，将原贴金层重新与塔身基体贴合，恢复到稳定状态。

第五步，修复。细心拆解，剔除原先塔身溃烂的残留物，用同样材质的木柱替换原塔柱，将塔身断裂面重新粘接修复并组装。

采用了最小干预性的修复方案与完全可逆的修复材料、修复方法对这两件阿育王塔进行修复，使其能更安全有效地恢复原貌（图12~14）。

图 12　修复工作场景

1. 修复前

图 13　铅贴金阿育王塔的修复

1. 修复前

图 14　铜阿育王塔的修复

2. 修复后

2. 修复后

青龙镇遗址出土陶瓷检测

龚玉武　吴婧玮

青龙镇遗址考古发掘出土了大量瓷片，来自越窑、长沙窑、龙泉窑、景德镇窑、建窑、闽清窑、吉州窑等众多窑口，反映了对外贸易与文化交流的广度与深度，证明青龙镇是海上陶瓷之路的始发地之一，也是海上丝绸之路重要的港口。为了系统地获取这些瓷片的年代、产地等信息，上海博物馆文物保护科技中心借助热释光测年技术和无损 X 射线荧光分析技术对这些瓷片进行了相关科技检测。科技检测信息的收集，与传统的人文研究（如器形、纹饰、釉色等）、考古地层学分析等相结合，能够对出土瓷片的生产时代、来源出处以及工艺特点等作出更加准确、可靠的推断，从而有助于对青龙镇贸易历史的深入研究。

上海博物馆在 1975 年建立了热释光考古实验室，研究了陶器、瓷器热释光年代测量方法。1997 年引进 X 射线能量色散荧光仪，开展馆藏完整器的无损检测分析研究，建立古陶瓷数据库。

热释光测年原理：通过选取胎体部位半颗绿豆大小的样品，探测其加热后所释放的光信号，可推断出该样品最后一次受热至今的年代（图 15）。

X 射线荧光原理：无需取样，X 射线直接照射样品表面，样品释放出表征样品成分的荧光 X 射线，只要测出其能量，就可以知道元素的种类，其强度又与相应元素的含量有一定的关系，据此可以计算出元素含量。古陶瓷的制作往往就地取材，而各地、各时代的制作配方又具有一定的代表性，根据与数据库的比对，就能实现对古陶瓷产地等的科学推断（图 16、17）。

图 15　实验设备：丹麦 RISΦ 国立热释光实验室研制的 TL/OSL-DA-20 型 TL/OSL 年代测量系统

图 16　实验设备：美国 EDAX 公司的 EAGLE III XXL 大样品室能量色散 X 射线荧光光谱仪

1. 样品

2. 瓷片样品的荧光能谱检测

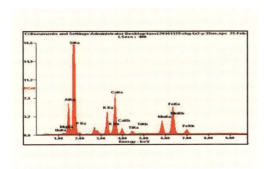

3. 釉层分析能谱图

4. 热释光沉淀制样设备

5. 热释光沉淀待检测样品

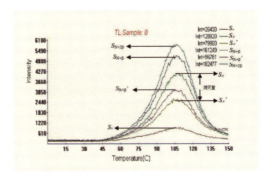

6. 瓷片样品热释光灵敏度曲线

图 17　检测过程

青龙镇遗址出土陶瓷修复

杨蕴

青龙镇遗址出土了大量的陶瓷类文物残片。考古现场先在大量的陶瓷残片中按不同窑口、颜色和年份进行分类区别，再经过耐心的特征比对进行了简单的考古修复。为了能更好地向观众展示效果，其中比较有艺术、考古价值也相对完整些的再进一步被挑选出来进行陈列修复。陈列修复的步骤和方法主要为：对原先简单粘接和补缺过的瓷器进行拆洗清洁，把这些瓷器放入沸水中进行煮沸，使其原先的考古修复能够完全脱落分离，再通过超声波清洗机和蒸汽清洗机对瓷片做进一步的清洁，直到每片瓷器中的胶水完全去除。清洗干净的瓷片干透后，用专业的粘结剂进行粘结，对于缺失的部分，用调配好的环氧树脂加入矿物质颜色粉和石粉进行补缺，有些缺损较多的部分还需翻模塑形。等补缺的环氧树脂完全干透固化，用打磨机、锉刀、砂皮纸进行由粗到细的逐步打磨，直到补缺的地方跟原器物相接处平整光滑。最后再在缺损处和缝隙处做上颜色，用手绘和喷绘两种方法做色。手绘就是用笔蘸上漆类或丙烯类不易脱落的颜料在缺损或缝隙处接上和周围相近的颜色，要求手绘上去的颜色有层次变化和完整处浑然一体。有时也需要用气泵链连接喷笔进行喷涂，这能使做色面积减至最小，细腻程度大大提高。手绘和喷涂视具体情况而定，大部分着色需要手绘和喷涂相结合，有些光亮度高的瓷器还需喷涂或手绘上仿釉层，再用碾磨膏打磨出光泽。一件经过拆洗、粘结、补缺、打磨、着色多道修复步骤后的古代瓷器秉承修旧如旧的原则，再现它破损前的原貌（图18~21）。

1. 修复前

2. 修复后

图18　唐代长沙窑彩绘执壶的修复

1. 修复前①

2. 修复前②

3. 修复后

图 19　唐代长沙窑褐釉瓷腰鼓的修复

1. 修复前

1. 修复前

2. 修复后

2. 修复后

图 20　越窑青釉葵口盏的修复

图 21　建窑黑釉盏的修复

青龙镇遗址出土纺织品检测分析和清洗

罗曦芸　陈丽娜

青龙镇隆平寺塔基中发现了保存完整的地宫，地宫中置套函，函外左右各有一座阿育王塔。套函共有四层，最外层为木函，向内依次为铁函、木贴金椁、银棺。在不同套函内出土了一些细小的纺织品。

一、工作目的

中国是世界上最早生产纺织品的国家之一，也是最早利用蚕丝的国家，被誉为"丝绸之国"，历史上对世界丝绸业的发展作出了巨大的贡献。出土的纺织品由于材料、质地都为天然纤维，属有机质文物，经过长时间的地下埋葬发生老化、炭化和分解，很难保存下来。古墓里出土的纺织品多数已成残片，显得尤为珍贵。在此次青龙镇隆平寺塔基地宫的清理过程中，发现木函内壁有炭化织物痕迹。存放于铁函内的两串水晶珠链中有串绳残段，在铁函、银棺内发现纺织品残片。这些织物痕迹和残片是研究我国宋代纺织技术、社会文明进步的重要实证资料。但这些织物残片由于长期受地下泥水以及周围铁器、木器腐朽物侵蚀，已呈严重糟朽、老化状况。其中铁函内织物严重矿化、脆化、一触即碎；水晶珠串绳饱水粘连，纤维疏解，一触即化（图22）。为了使这些珍贵的织物残片得以有效保存，需要对其进行材质、保存状况分析并及时清理和清洗。

二、检测分析

将从宝函中提取到的三种织物残片，分别采用电子显微镜、红外光谱仪、扫描电镜

能谱仪，分析织物纤维表面形貌、分子结构、老化状况，分析表面污染物聚集状态和元素成分以了解主要污染物的来源和组成。

纤维材质分析：分别采用生物显微镜和红外光谱仪对织物纤维种类进行分析。

从生物显微镜照片上可以看出，出土织物纤维有光泽、呈扁平带状，与蚕丝纤维纵面形态十分相似（图23）。

从红外光谱分析结果可以看出，三个部位织物光谱形态相似，都具有蚕丝纤维特征吸收，属于丝织品（图24）。

各个谱峰归属如下：3300~3290cm-1为 -NH 伸缩振动所产生的特征吸收，主要代表没有形成氢键的自由的 -NH 的振动；1690~1600cm-1 为 -C=O 伸缩振动所产生的特征吸收谱带，即酰胺 I 峰；1575~1480cm-1 为 -NH 变形振动所产生的特征吸收谱带，主要代表形成氢键的 -NH 振动，即酰胺 II 峰；1301~1229cm-1 为 -CN 和 -NH 的伸缩、弯曲振动所产生的吸收谱带，即酰胺 III 峰。

表面形貌分析：从扫描电镜照片（图25）可以看出，织物残片上覆盖着呈块状或颗粒状的附着物，纤维呈现僵硬固结或脆化断裂等严重老化迹象。

表面污染物分析：采用体视显微镜（图26）观察织物纤维表面，可以发现表面附着各种杂质，其中铁函内织物残片的表面有较多铁锈附着，银棺内织物残片有较多颗粒状的杂质，水晶串绳残段表面则有许多泥土附着。

采用扫描电镜能谱仪（SEM/EDS）分别对表面附着物元素进行成分分析（图27）。检测时分别取 3 个样品的不同点、区域进行

能谱分析，结果表明：铁函内织物主要杂质元素为铁（Fe），来源于铁锈的侵蚀；银棺内织物主要杂质元素为铝（Al）、硅（Si），来源于地下水的侵蚀；水晶珠串绳中主要杂质为铁（Fe）、铝（Al）、硅（Si），来源于铁锈和地下泥水的侵蚀。各个织物上杂质元素来源与其在宝函内所处位置相吻合。

织物固结成因分析：由于出土织物受埋藏环境（主要包括湿度、温度）、埋藏位置以及时间影响，织物已发生严重酥解。丝纤维蛋白降解形成小分子多肽、氨基酸等，在地下泥水作用下加剧杂质与织物的粘结，从而使织物固结甚至矿化。此次出土织物，有的已整体或局部固结发黑，推测是微生物滋生及繁衍的结果。织物纤维蛋白作为养分被微生物分解利用，微生物代谢过程中产生的有机酸腐蚀破坏织物，菌落产生的色素污染织物表面，加速织物腐化变色粘连和进一步老化、分解。

1. 铁函底部织物

2. 银棺底部织物

3. 水晶珠串绳

图 22　不同部位提取的纺织品

1. 出土织物

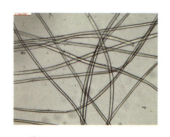

2. 蚕丝

图 23　显微镜照片

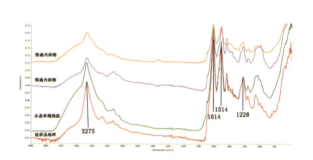

图 24　红外光谱图

1. 铁函底部织物　　　　　　2. 银棺底部织物　　　　　　3. 水晶珠串绳

图 25　不同放大倍数的 SEM 照片

1. 铁函底部织物　　　　　　2. 银棺底部织物　　　　　　3. 水晶珠串绳

图 26　显微镜照片

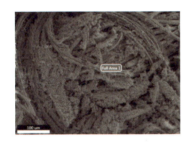

1. 铁函底部织物残片 SEM 照片及 EDS 能谱

2. 银棺底部织物残片 SEM 照片及 EDS 能谱

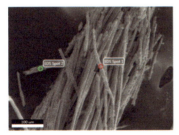

3. 水晶珠串绳残段 SEM 照片及 EDS 能谱

图 27　SEM 照片及 EDS 能谱

三、清理和清洗

从织物表面元素分析测试结果可以初步得出，出土的纺织品中主要杂质有泥土、铁锈等，且与织物形成了牢固的结合，遂分别采用物理清洗和化学清洗的方法。

物理清洗：物理清洗主要是清洗附着在织物表面的颗粒状物质及其他可通过物理机械作用去除的杂质。可采用滴管、镊子、软毛笔在显微镜下逐渐去除表面不同污染物（图28）。

化学清洗：化学清洗主要是通过化学试剂与杂质反应后，使污染物从织物纤维中分解、分离出来。由于大部分织物都受铁锈侵蚀固结严重，通过清洗试剂筛选试验，配包含有柠檬酸、EDTA以及表面活性剂的近中性水性清洗剂。依据纤维固结程度，将棉花浸泡配制好的清洗剂后敷于样品上，静置1~2小时后，用试剂及去离子水反复多次冲洗，置于恒温恒湿环境中阴干保存（图29）。

图 28　物理清洗过程

1. 清洗剂的选择　　　　　2. 除锈　　　　　3. 试剂冲洗

图 29　化学清洗过程

114

上海青龙镇的发掘与发现　考古·古港

四、清洗效果

　　铁函和银棺内织物残片经过清洗后，丝纤维恢复柔软性，织物组织清晰。水晶珠串绳残段清洗干燥后可看出编织方法，纤维强度明显改善（图30）。

　　（感谢裔传臻、沈敬一在显微镜和红外光谱分析中的帮助。）

1. 铁函内织物清洗前后对比图

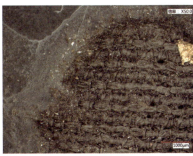

2. 银棺内织物清洗前后对比图

3. 水晶珠串绳残段清洗前后对比图

图30　清洗前后对比图

从出土瓷器看青龙镇的对外贸易

王建文

青龙镇遗址位于上海市青浦区白鹤镇，2010~2016年上海博物馆考古研究部对遗址进行了三次发掘及多次调查与勘探，正在逐步揭开一个已经湮没的繁华贸易港口的神秘面纱。

两宋以来，对外贸易有了长足的发展，贸易港的数量、繁荣程度和管理制度都超过前代。青龙镇正是顺应了海上贸易的时代潮流而繁盛起来。宋元丰五年（1082）陈林《隆平寺经藏记》云："青龙镇瞰松江上，据沪渎之口，岛夷、闽、粤、交广之途所自出，风樯浪舶，朝夕上下，富商巨贾，豪宗右姓之所会。"宋嘉祐七年（1062）《隆平寺宝塔铭》载："自杭、苏、湖、常等州月日而至，福、建、漳、泉、明、越、温、台等州岁二三至，广南、日本、新罗岁或一至。人乐斯土，地无空闲。衣冠名儒，礼乐揖让，人皆习尚，以为文物风流之地。"弘治《上海县志·市镇》载："市廛杂夷夏之人，宝货当东南之物"，时人誉为"小杭州"。以上文献材料都记述了当时青龙镇对外贸易的繁华景象。

一、青龙镇遗址出土的瓷器概况

近年青龙镇遗址在4000平方米的发掘范围内出土了6000余件可复原瓷器及数十万片碎瓷片，全面的分类、统计工作还在进行中，本文选取了100平方米发掘出土的瓷器做了初步的统计，以起管窥之用。

从出土瓷器产地与窑口来看，主要是福建瓷器，占比63%；其次是浙江，占比21%；江西占5%，湖南占1%；未定窑口占10%，主要是一些韩瓶，产地难以确定。来自福建的瓷器，以闽江流域的产品为大宗，其中以闽清窑、同安窑（珠光青瓷）、建窑、东张窑、浦口窑、遇林亭窑、怀安窑等窑口为主。总体来看，青龙镇出土的福建瓷器，多来自分布于沿海、沿江地区的窑口，通过水路运输，较为便利。尤其是两宋之际，福建窑口的产品数量非常多，占到出土品的一半左右，是目前发现福建瓷器在外地出土最多的港口之一，表明在该时期，青龙镇是闽瓷北运，行销高丽、日本等地最重要的港口之一，增加了我们对传统贸易航线的认识。

出土的浙江瓷器，唐代以德清窑、越

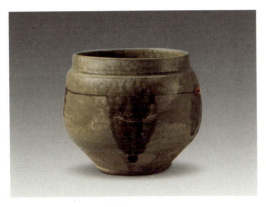

图1　德清窑青釉褐彩罐

图2　越窑青釉花口碗

窑为主，宋代则为越窑与龙泉窑居多。在2012年度通波塘西岸的 Gf 发掘区发现了大量唐代德清窑产品，是目前浙江以外发现该窑产品量最大的地区。

　　德清窑窑址位于浙江省德清县，窑址沿东苕溪两岸分布，是兼烧黑瓷与青瓷、以青瓷为主而以黑瓷闻名的古窑场。德清窑是中国陶瓷业的起源地之一，上溯商周，历经汉、六朝直至唐宋才停烧。南朝时以烧造黑釉器闻名，达到瓷业发展的高峰。唐代仿烧越窑器，质量较差。青龙镇遗址发现的大量唐代德清窑瓷器，主要器形有碗、罐、盆等，大部分都没有使用痕迹的发现。德清窑产品沿东苕溪顺流而下到太湖，然后沿太湖到吴淞江，沿吴淞江顺流到青龙镇，是一条最便捷的通道。目前在海外发现的最早的中国瓷器，即东晋德清窑的瓷器，其运输线路也可能是通过吴淞江运到海外的（图1）。

　　越窑窑址在浙江省余姚、上虞、绍兴一带，是我国烧瓷历史最早的瓷窑之一，历汉、晋、南朝的发展，至唐代成为著名的青瓷窑，以造型和釉色取胜，胎体多光素无纹，少量

有划花、印花、刻花及褐彩等装饰。晚唐、五代还在上林湖设"贡窑"，烧造著名的秘色瓷。宋代越器盛行刻划花装饰，此外有镂、雕、堆塑等方法，形成新的风格。越窑是中国窑业技术的一个原生地区，对中国瓷业技术的发展具有广泛的影响。青龙镇遗址出土了数量较多的越窑瓷器，年代主要是晚唐到北宋时期的，既有常见的玉璧底碗、泥点支烧的大碗，也有少量质量非常高的、釉色接近秘色瓷的青釉刻、划花碗（图2）。在唐代出土瓷器数量中仅次于德清窑。

　　长沙窑是唐代重要的外销瓷瓷窑。窑址在长沙铜官镇及石渚瓦渣坪一带，又称铜官窑。产品以青釉为主，盛行釉下彩绘，主要有青釉下描绘以铁、铜为着色剂的褐彩、褐绿彩。其釉下彩绘工艺对中国古代陶瓷装饰产生了深远影响。产品不仅内销，而且大量外销，出土于东南亚、日本、朝鲜半岛、西亚等广阔的地域。青龙镇遗址出土了数量较多的长沙窑瓷器，大部分器形与纹饰在窑址都能找到相同的产品（图3）。其中一件长沙窑青釉褐绿彩莲瓣纹碗，敞口、圆唇、弧腹、

圈足。碗身施青黄釉，有细微的开片，外底露胎。碗内施褐彩和绿彩，构成花卉图案。其中褐彩为氧化铁彩，绿彩的呈色剂是氧化铜。这种构图具有鲜明的域外色彩，在长沙窑窑址有少量出土，但主要销往海外市场。1998年在印度尼西亚海域打捞的"黑石号"沉船中发现的长沙窑瓷器中，有不少类似纹饰的碗（图4、5）。

义窑窑址位于福建省闽清县，为宋元时期民间外销瓷窑厂，烧瓷品种有青釉、青白釉及黑釉器。义窑青白瓷产品仿自景德镇窑，但用龙窑装烧，产量大，质量略差，性价比较高。在日本博多遗址、韩国马岛沉船及东海、南海沉船都发现了大量的义窑产品。青龙镇遗址出土了大量的义窑瓷器，是目前发现闽江流域窑口产品数量最大、位置最北的港口。由于两宋时期南北对峙，贸易渠道阻塞，义窑产品沿海岸线向北到达青龙镇，少量供本地消费，大部分再转运到日本、朝鲜半岛。青龙镇是闽江流域产品外销东北亚最为重要的贸易转口港之一。在韩国马岛沉船、日本福冈发现了大量的福建瓷器，尤以

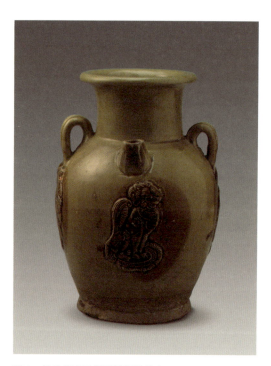

图3　长沙窑青釉褐彩雄狮纹执壶

图4　长沙窑莲瓣纹碗

图5　印尼"黑石号"沉船出水长沙窑瓷器

闽清义窑的瓷器为多 (图6、7)。

建窑窑址位于福建省建阳县，烧瓷时间上自晚唐、五代，下至宋元，品种有青釉、黑釉、青白釉等。其中以北宋时期黑釉盏最为有名，胎土富含铁质，呈黑紫色。造型有敛口、敞口等不同形式，圈足小而浅。器物内外施釉，外壁施釉近足部，有垂流现象。兔毫、鹧鸪斑、曜变等釉色的茶盏最为名贵。窑址出土有"供御"、"进盏"字铭的盏，是北宋后期为宫廷烧造的御用茶盏。建盏在当时即已很名贵，考古发现的数量很少，青

龙镇遗址出土了20余件建盏，殊为难得。茶道传入日本以后，黑釉器在日本受到热烈的追捧，这其中以建盏及仿烧建盏的茶盏最受欢迎。南宋以后，茶道在中国已经不流行用黑釉器，但在日本还是非常喜欢，韩国新安元代沉船出土了一批建盏，当时建窑已经停烧，日本人采购了一批二手的建盏贩卖至日本，不幸的是在中途靠近韩国新安的海岸沉没 (图8、9)。

茶洋窑窑址位于福建省南平市葫芦山村的茶洋，为福建北部颇具规模的民间窑场。创烧于北宋中期，繁盛于宋元时期，烧造产品主要有黑釉、青釉、青白瓷，还兼烧白地黑花和绿釉等品种，从而形成多样化的制瓷格局。施釉不及底，多数外壁釉层较厚。器胎因含铁量较低，多呈灰色或灰白色，少量呈灰黑色，质感不及建窑的厚重。茶洋窑的黑釉品种中数量最多的当属盏类，宋元时期烧制较多。青龙镇遗址出土了少量的宋代茶洋窑黑釉盏 (图10)。

东张窑窑址位于福建省福清县，宋代外销瓷产地，有青釉和黑釉两类。黑釉以碗、盏为主，并有兔毫、斑点纹，釉面黑而光亮。黑釉是宋元时期整个福建北部地区普遍烧制的瓷釉品种，东张窑在建窑的影响之下烧制大量的黑釉瓷，器物种类也较为多样，以碗、盏为主，与建窑的外形相似，多为敞口，口沿微束，斜弧腹，圈足，质地较建盏为粗。青龙镇遗址出土了数量较多的东张窑黑釉盏 (图11)。

景德镇窑窑址位于江西景德镇，从五代至清代创烧不断，元、明、清三代一直是全国性的制瓷中心。宋代主要生产青白瓷，其中湖田窑产品质量较好，造型规整，胎体坚

图6　义窑青白釉菊瓣纹碗

图7　韩国马岛沉船出水福建瓷器

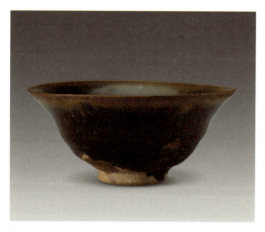

图 8　建窑黑釉盏

图 9　韩国新安沉船出水建窑黑釉盏

致，釉色白中泛青，纹饰精美。青龙镇遗址出土了数量较多的景德镇青白瓷，主要为北宋晚期到南宋晚期，器形有碗、盘、盏、盏托、炉等，造型优美（图12）。

吉州窑窑址位于江西省吉安市永和镇，创烧于唐代，宋元瓷业又有大发展。釉色种类较多，既有南方流行的青釉、黑釉、青白釉，又烧北方常见的酱釉、绿釉、白釉及白地褐花。借鉴北方定窑的覆烧法与印花装饰、磁州窑的白地褐花彩绘，胎釉及绘画风格则具有江西特点。最具代表性的是黑釉盏，其上多伴有木叶纹、玳瑁斑、剪纸贴花等装饰。青龙镇遗址出土了数件吉州窑的黑釉盏（图13）。

龙泉窑窑址位于浙江西南部龙泉境内，已发现大窑、金村、安仁口等300处窑址。烧窑时间从宋至清，持续七八百年，是重要的青瓷窑。北宋瓷器生产初具规模，南宋为发展时期，熟练掌握了胎釉配方、多次上釉技术以及烧成气氛的控制，釉色纯正，釉层加厚，成功烧成了粉青和梅子青釉，达到青釉史上的高峰。宋元时期，龙泉窑产品大量销往海外，受其影响，浙江、福建、广东、江西一批瓷窑先后仿烧龙泉窑产品，形成一个庞大的龙泉窑系。青龙镇遗址出土了数量较多的龙泉窑瓷器，时代从北宋晚期到南宋晚期，其中多有精品（图14、15）。

二、粗浅的认识

综上可见，青龙镇出土的瓷器基本都是南方瓷器，唐代以浙江、湖南产品为主，至宋代渐转为以福建、浙江、江西产品为主。青龙镇作为一个港口重镇，地处南北海路交通要冲，又有吴淞江、长江沟通内陆，地理

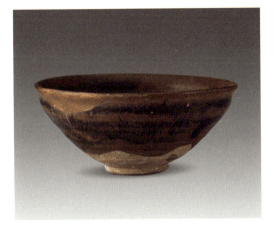

图 10　茶洋窑黑釉盏

图 11　东张窑黑釉盏

图 12　景德镇窑青白釉碗

图 13　吉州窑鹧鸪斑盏

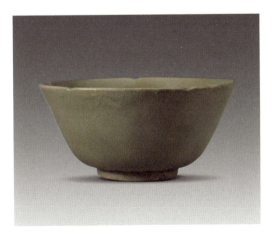

图 14　龙泉窑青釉碗

图 15　龙泉窑青釉划花碟

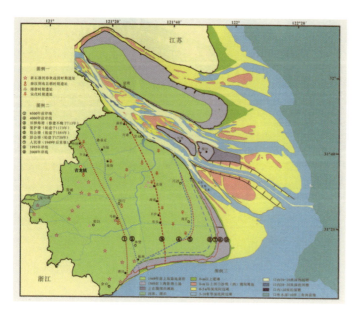

图16 上海七千年来岸线与成陆过程（引自范代读：《上海的海陆变迁简史》，载上海博物馆编《上海市民考古手册》，北京大学出版社，2014年，9页）

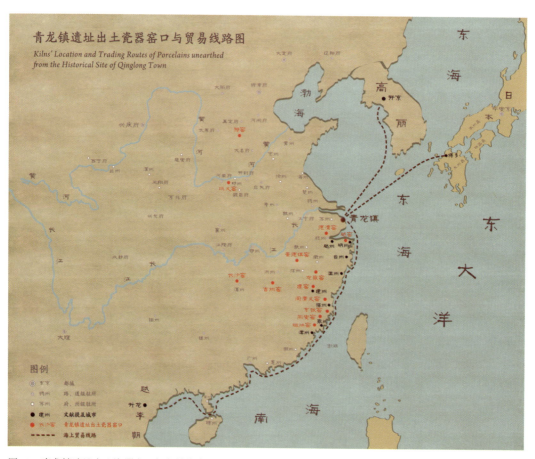

图17 青龙镇遗址出土瓷器窑口与贸易线路图

图 18　青龙镇遗址出土的部分可复原瓷器

位置十分优越（图16）。又因其位于中国大陆的东端，产品运到青龙镇后，除了本地少量的消费，大部分都转口外运。作为外销瓷的福建瓷器，主要仿烧浙江与江西产品，总体质量略差，但因交通便利，性价比高，除了本地有少量的消费，大部分销往海外市场。目前在青龙镇以北的沿海及内陆的广大区域，除了少量福建产的黑釉盏外，很少发现福建产的其他种类的瓷器。根据当时的航路推测，福建瓷器主要是销往东北亚的高丽与日本，这点可以与文献相印证。销往东南亚的福建瓷器，可从福州港直接装船，没有必要再绕道北方，这也可以从近年来东亚水下考古的新发现得到证实（图17）。

青龙镇出土了可复原瓷器 6000 余件（图18），碎瓷片更是数十万片，器物组合与日本福冈博多遗址多有相似。因此，探讨两地的贸易线路与文化交流，是今后一个重要的研究课题。同时，考古发掘出土的大量瓷器反映了对外贸易与文化交流的广度与深度，证明青龙镇是海上陶瓷之路的始发地之一，也是海上丝绸之路重要的港口。

人文荟萃的青龙镇

何继英　编

青龙镇于唐代作为海防要地兴起，是上海最早设立的古镇，至宋时达到鼎盛。青龙镇人口杂处、百货云集，成为东南地区最大的贸易港口，出现了"人乐斯土，地无空闲"的繁华景象，吸引了四面八方的文人墨客。

唐代

宋之问（约 656~约 712）

夜渡吴松江怀古

宿帆震泽口，晓渡松江濆。棹发鱼龙气，舟冲鸿雁群。
寒潮顿觉满，暗浦稍将分。气出海生日，光清湖起云。
水乡尽天卫，叹息为吴君。谋士伏剑死，至今悲所闻。

刘禹锡（772~842）

松江送处州奚使君

吴越古今路，沧波朝夕流。从来别离地，能使管弦愁。
江草带烟暮，海云含雨秋。知君五陵客，不乐石门游。

这两首诗已经触及吴淞江，但江南的开发还没有达到一定的水平，水景与田野的景观不多。

白居易（772~846）

松江亭携乐观鱼宴宿

震泽平芜岸，松江落叶波。在官常梦想，为客始经过。

水面排晋网，船头簇绮罗。朝盘脍红鲤，夜烛舞青娥。

雁断知风急，潮平见月多。繁丝与促管，不解和渔歌。

这首诗反映安史之乱后，大批北方人士南迁，带动了江南经济、文化的发展。

陆龟蒙（？~881）

淞江怀古

碧树吴州远，青山震泽深。无人踪范蠡，烟水暮沉沉。

皮日休（约838~883）

吴中苦雨因书一百韵寄鲁望

全吴临巨溟，百里到沪渎。海物竞骈罗，水怪争渗漉。

……

杜牧（803~ 约852）

吴淞夜泊

清露白云明月天，与君齐棹木兰船。风波烟雨一相失，夜泊江头心渺然。

宋代

如果说唐代诗人的文笔多触及吴淞江，对青龙镇还没有关注，那么到了宋代，青龙镇则成为文人士大夫吟诗作赋的广阔天地了。范仲淹、梅尧臣、苏轼、苏辙、米芾、司马光、李行中、李常、陈舜俞、张先、秦观、晁端佐、晁端彦等等都在青龙镇留下了足迹和诗篇。章楶更是因喜欢青龙镇的风土人情而在此定居，今天的"章堰村"便由此得名，"青浦之有章氏，自章楶始"。

范成大（1126~1193）

夏日田园杂兴

梅子金黄杏子肥，麦花雪白菜花稀。日长篱落无人过，惟有蜻蜓蛱蝶飞。

松江晓晴

......

近水人家随处好，上春物色不胜妍。归时二月三吴路，桃杏香中漫过船。

范成大隐居在吴淞江流域的石湖，其诗证实当时吴淞江一带杏树茂盛。而今天的青龙镇，乃至上海地区已经少有杏树了。

范仲淹（989~1052）

江上渔者

江上往来人，但爱鲈鱼美。君看一叶舟，出没风波里。

这首《江上渔者》是北宋著名政治家、文学家范仲淹在景祐元年（1034）调任苏州知府期间，大兴水利，曾经渡盘龙、大盈诸浦而写下的。

梅尧臣（1002~1060）

梅尧臣曾在青龙镇居住游历，详细考察，撰写了具有历史价值的《青龙杂志》，可算是第一部青龙镇志，其中称镇上"有三亭、七塔、十三寺、二十二桥、三十六坊，时人比之杭州"。

青龙海上观潮

百川频魇水欲立，不久却回如鼻吸。老鱼无力随上下，阁向沧洲空怨泣。
摧鳞伐肉走千艘，骨节专车亦何极。几年养此膏血躯，一旦翻为渔者给。
无情之水谁可凭？将作寻常自轻入。何时更有弄潮儿，头戴火盆来就湿。

回自青龙呈谢师直

共君相别三四年，岩岩瘦骨还依然。唯髭比旧多且黑，学术久已不可肩。
嗟余老大无所用，白发冉冉将侵颠。文章自是与时背，妻饿儿啼无一钱。
幸得诗书销白日，岂顾富贵摩青天。而今饮酒亦复少，未及再酌肠如煎。
前夕与君欢且饮，饮才数盏我已眠。鸡鸣犬吠似聒耳，举头屋室皆左旋。
起来整巾不称意，挂帆直走沧海边。便欲骑鲸去万里，列阙不惜霆霹鞭。
气沮心衰半欲睡，梦想先到苹洲前。愿君无复更留醉，醉死谁能如谪仙。

苏轼（1037~1101）
章楶（1027~？）

苏轼（链接：苏轼与李行中）曾在青龙镇同疏浚青龙江的章楶进行诗词唱和，著名的《水龙吟·咏杨花》便是佐证。同时，苏东坡还在元丰二年（1079）正月，为章粲建于青龙镇的宅第题记，名曰《思堂记》。如今千年即将过去，章粲的"思堂"已不复存在，但苏轼为章粲写的《思堂记》，依然完整无缺地保留在《青浦县志》里。

章粲，原籍建州浦城（今福建省浦城县），治平四年（1067）入京应试得中进士，元丰元年（1068）任华亭盐监，曾大力疏浚吴淞江，为地方做了不少好事。任华亭盐监时，因喜爱青龙镇的风土人情，在此筑堰定居，因而得名"章堰"，后名"章埝"。章埝位于古青龙镇之东，今天的青浦区重固镇章埝村。章埝村是继青龙镇后，青浦最古老的集镇之一。

水龙吟·咏杨花
章粲

燕忙莺懒芳残，正堤上，柳花飘坠。轻飞乱舞，点画青林，全无才思。闲趁游丝，静临深院，日长门闭。傍珠帘散漫，垂垂欲下，依前被风扶起。　　兰帐玉人睡觉，怪春衣，雪沾琼缀。绣床渐满，香球无数，才圆却碎。时见蜂儿，仰粘轻粉，鱼吞池水。望章台路杳，金鞍游荡，有盈盈泪。

次韵章质夫杨花词
苏轼

似花还似非花，也无人惜从教坠。抛街傍路，思量却是，无情有思。萦损柔肠，困酣娇眼，欲开还闭。梦随风万里，寻郎去处，又还被莺呼起。　　不恨此花飞尽，恨西园，落红难缀。晓来雨过，遗踪何在？一池萍碎。春色三分，二分尘土，一分流水。细看来，不是杨花，点点是离人泪。

链接 ━━━━━━━━━━ **苏轼与李行中**

苏轼还热心地为青龙镇隐居的文人李行中在青龙江畔筑醉眠亭书额并赋诗。

苏轼赠《李行中秀才醉眠亭》：

其一："已向闲中作地仙，更于酒里得天全。从教世路风波恶，贺监偏工水底眠。"

其二："君且归休我欲眠，人言此语出天然。醉中对客眠何害，须信陶潜未若贤。"

其三："孝先风味也堪怜，肯为周公画日眠。枕麴先生犹笑汝，枉将空腹贮遗编。"

苏辙（1039~1112）

次韵吴兴李行中秀才见寄并求醉眠亭诗二首
其一

才堪簿领更无余，赢得十年闲读书。宠辱何须身自试，穷愁不待酒驱除。

故人归去无消息，佳句新来屡卷舒。前日使君今在此，不妨时复置双鱼。

其二

是非一醉了无余，唯有胸中万卷书。已把人生比蘧传，更将江浦作阶除。

欲眠宾客从教去，倒卧氍毹岂暇舒。京洛旧游真梦里，秋风无复忆鲈鱼。

秦观（1049~1100）

题醉眠亭

醉来丰瘁同，眠去身世失。二乐擅一亭，夫子信超逸。

杯行徂老春，肱枕颓外日。壮志未及伸，幽愿良自毕。

李常（1027~1090）

醉眠亭

陶公醉眠野中石，君醉辄眠舍后亭。人知醉眠尽以酒，不知身醉心常醒。

众人清晨未尝饮，已若醉梦心冥冥。淫名嗜利到穷老，有耳亦不闻雷霆。

醉石虽顽委山侧，苔痕剥蚀谁与扃。牧童樵叟亦能指，卒以陶令垂千龄。

危檐弱栋倚荒渚，海雾江雨穿疏楹。勿谓幽亭易摧折，勉事伟节同明星。

陈舜俞（1026~1076）

青龙江醉眠亭

酒担长轻六印腰，醉中一枕敌千朝。兴亡蓻比荣枯柳，聚散看同旦暮潮。

清兴本应尘外得，香魂徒向水边招。已闻佳士过从约，不为东风返画桡。

张先（990~1078）

醉眠亭

醉翁家有醉眠亭，为爱江堤乱草青。不听耳边啼鸟唤，任教风外杂花零。

饮酣未必过此舍，乐甚应宜造大庭。五柳北窗知此趣，三闾南徼漫孤醒。

张景修（生卒年不详）

醉眠亭

樽前从客笑，梦里任花飞。野鸟唤不醒。家童扶未归。

有荣还有辱，无是即无非。万事藏于酒，先生亦见机。

韩宗文（生卒年不详）

醉眠亭三首

其一

万虑中来搅不眠，醉时一觉自陶然。冥冥固已忘天地，岂向杯中觅圣贤。

其二

得酒休论饮得仙，醉中遗物为神全。世间反覆无穷事，吏部难忘抱瓮眠。

其三

昔有遗贤世所怜，沧浪亭下醉时眠。松江变酒终难得，却对残灯理短编。

晁端佐（生卒年不详）

醉眠亭四首

其一

潇洒松陵江上亭，醉来一梦傲云屏。生前笑语君须惜，世事纷纷不用醒。

其二

盘石幽亭乐未央，是非穷达两相忘。尘寰下望知何许，烂醉高眠自有乡。

其三

尘埃收得一身闲，饮尽春瓶曝背眠。醉耳犹嫌山鸟聒，梦魂终日上高天。

其四

一枕双壶意浩然，狂歌酒尽即高眠。吾身久与时相弃，好逐君归作二仙。

晁端彦（1035~1095）

醉眠亭

人生有出处，两事固希全。达则趋廊庙，致君尧舜前。
声名喧宇宙，指顾生云烟。不然早晦隐，纵意乐当年。
第一莫如醉，第二莫如眠。无晦水乡士，子瞻称其贤。
埋照不干世，作亭临清泉。欢来即痛饮，酣呼竟长筵。
陶陶非假寐，泯绝平生缘。尽得杯中趣，长为枕上仙。
影从明月照，名任清风传。愿君遂此志，其乐更相先。
醉无三日醒，饮尽百斛船。境界如古莽，魂梦游钧天。
莫学不佞者，徇禄遭缠牵。进无济世志，退无负郭田。
独醒少意绪，寡睡多烦煎。风波惊性命，鞍马积胝胼。
未得立篱下，应难卧瓮边。区区为寡仕，短咏愧非妍。

米芾 (1051~1107)

青龙镇能吸引如此多的文人墨客，同米芾做青龙镇监有很大关系。米芾艺术造诣深厚，任青龙镇监时，刻写了陈林撰于元丰五年（1082）的《隆平寺经藏记》碑。遗憾的是这块石碑已无存，我们虽不能一览米芾真迹，但碑文内容收录在南宋《绍熙云间志》中，保留至今。仍可以让我们领略青龙镇良好的文化生态。

吴江舟中诗

昨风起西北，万艘皆乘便。今风转而东，我舟十五纤。

力乏更雇夫，百金尚嫌贱。船工怒斗语，夫坐视而怨。

添橹亦复车，黄胶生口咽。河泥若祐夫，粘底更不转。

添金工不怒，意满怨亦散。一曳如风车，叫啖如临战。

旁观莺窦湖，渺渺无涯岸。一滴不可汲，况彼西江远。

万事须乘时，汝来一何晚。

陆游 (1125~1210)

雨中泊赵屯有感

归燕羁鸿共断魂，荻花枫叶泊孤村。风吹暗浪重添缆，雨送新寒半掩门。

鱼市人烟横惨淡，龙祠箫鼓闹黄昏。此身且健无余恨，行路虽难莫更论。

过八坼遇雨

胜地营居触事奇，酒甘泉滑鲈鱼肥。松江好处君须记，风静长江雪落时。

陈允平 (约1215~约1294)

己酉秋留鹤江有感

宾鸿几过澱山湖，夜夜西风转辘轳。苜蓿草衰江馆静，枇杷叶老石泉枯。

曲终明月闲歌扇，病去寒灰满药炉。客梦不堪千里远，故园篱菊正荒芜。

青龙渡头

天阔雁飞飞，松江鲈正肥。柳风欺客帽，松露湿僧衣。

塔影随潮没，钟声隔岸微。不堪回首处，何日可东归？

除文人墨客游历讴歌青龙镇、章粢定居青龙镇外，上海的中医始祖何侃（**链接：何侃**）、藏书家庄肃（**链接：庄肃**）等也纷纷定居青龙镇，青龙镇成为颇受文人墨客青睐的佳地，名闻遐迩。

链接 ——————————— 何侃

何侃，字直哉，祖籍汴梁（今河南开封）。宋理宗绍定年间（1228~1233）何侃由儒士选授浙江严州淳安县主簿，任满后归隐于医，为何氏世医第四代。据《绍熙云间志》记载，宋高宗绍兴年间（1131~1162）何侃曾祖何沧之兄弟何柟、何彦猷与何易宇弃官从医，随宋室南渡，留居青龙镇，为何氏世医之始。何氏第四代何侃也受文化气息的感染，迁居于青龙镇，钻研岐黄之术，悬壶济世，成为上海中医的始祖。

链接 ——————————— 庄肃

庄肃（1245~1315），字恭叔，号蓼塘，松江（今属上海）青龙镇人。宋末至元朝的藏书家。仕宋为秘书院六品小吏。宋亡后，弃官浪迹于海上，隐居于松江青龙镇，于青龙镇建藏书楼"万卷轩"以贮书，收藏图书达8万卷之巨。其中除一部分手抄本外，多为唐宋版本。庄肃还把书目编为甲乙两部，分成十大门类，成为上海地区最早的藏书家和图书目录学家。到了元朝至正六年（1346），朝廷为了编修史书，征集前朝遗书，派中书省右丞危素，从京城千里迢迢来到青龙镇的"万卷轩"选取。据《华亭漫识》记载："曾于其家得书五百卷。"

南宋时期，青龙镇依然是海防要地。由南宋抗金名将韩世忠指挥的著名的黄天荡之战就是在青龙镇将金兵堵截的（**链接：黄天荡之战**）。

在青龙镇内的今白鹤镇陈岳村的酒瓶山遗址，呈一小土墩状，原占地2700平方米，土墩内保存大量陶瓶，又称"韩瓶"。一说韩世忠为抗击过江南进的金兵，"以酒犒军，瓶积成山，今遗址尚存"。

链接 ——————————— 黄天荡之战

宋建炎三年、金天会八年（1129）冬，金太宗完颜晟以完颜宗弼为统帅，号称10万大军南下攻宋。宋浙西制置使韩世忠为避其锋，自镇江（今属江苏）引军退守江阴军（今江阴）。韩世忠料金军孤军深入，难以久据，遂将其军分为三部：前军驻青龙镇，中军驻江湾（今属上海江湾镇），后军驻海口，大治海船，操练水战，俟机北上截击金军归师。大破金兵于黄天荡。

任仁发（1254~1327）

到了元代，最值得大写一笔的是青龙镇人任仁发。任仁发，字子明，号月山道人，仕至浙东宣慰副使，都水少监，四品阶。他是元代著名的书画家，"仁发工书法、擅绘画，功力可与赵孟頫匹敌"。其传世作品有《出圉图》、《二马图》、《张果见明皇图》、《秋水凫鹭图》、《饮中八仙图》、《贡马图》、《横琴高士图》、《秋林诗友图》、《神骏图》、《三骏图》、《九马图》、《饲马图》、《文会图》、《牵马图》等。也是元代著名的水利专家，曾先后主持修治太湖、吴淞江、元大都通惠河等工程，并著有《水利集》十卷传世，在中国水利史上有卓越贡献。如赵孟頫为《水利集》题跋评曰："圣上知其敢言，嘉其成绩，授以水衙之官。始为拯治浙西，继而分监东平、汴梁等处，备殚七八年之勤劳，不惮数千里之跋涉，按行所部随处拯治，罔有所失。水顺其性，民蒙其福，利泽在人心，名声满天下。"特别是任仁发多次对吴淞江的治理，虽然未能巩固青龙港的优势地位，但是他的治水实践，在中国水利史上树立了一座丰碑。后人有诗称赞道："不是青龙任水监，陆成沟壑水成田。"2006年被评为"中国十大考古新发现"的上海市普陀区"志丹苑元代水闸遗址"，便是任仁发治水功绩的重要实证。

赵孟頫（1254~1322）

赵孟頫是元代著名书画家，他曾至吴淞江青龙镇访游，作《自吴江回》和《谒青龙文庙》。

自吴江回

壮气浮孤剑，余生寄短篷。战尘昏野色，积雪睍春风。
北望旌旗阔，南归郡邑空。江花与江水，客思两无穷。

谒青龙文庙

镇市近东海，人烟迷远郊。前朝有胜迹，遗碣在荒茅。
民识青龙舰，树倾黄鹤巢。崇台近仙路，拟寻王可交。
日落暮潮上，云横春树迷。刺船龙江口，解榻鳢堂西。
舍菜重典礼，采芹留品题。风尘正旁午，教养讵可稽。

杨维桢（1296~1370）
屠寰（生卒年不详）

杨维桢是元末明初著名诗人、文学家。与青龙镇任氏（任仁发家族）交往甚密，曾为任仁发所筑的来青、揽晖楼题诗。

<h2>题揽览晖来青楼</h2>

大江如龙入海口，青山似风来人间。任家高阁东西起，右江左海南青山。

锦雨烧尾春前化，黄鹤传书天上还。老子胡床一横笛，双成仙佩响珊珊。

元代诗人屠寰也常为来青楼、揽晖楼题诗。

<h2>题来青楼</h2>

东郊草色动年芳，飞槛凭临逸兴长。过雨春山青入望，夹工烟柳翠成行。

野田歧麦翻平浪，古寺乔河挂夕阳。霸略已空沉战舸，青歌频传领风光。

元代诗人瞿智在元至正四年（1344）赴青龙镇任镇学教谕，后筑通波草堂于镇。临行前，好友李孝光、张雨、善行、钱惟善、陈德永、王冕、梁恂、吕肃等名士赋诗相送，从他们的诗句中，可窥见元代青龙镇浓郁的文化氛围。

李孝光（1285~1350）

元代词作家，与杨维桢并称"杨李"。至正四年（1344）应召为秘书监著作郎，此年为瞿智赠《送瞿慧夫上青龙镇学官诗序》："……吾前舟过青龙河，见夫屋在北林中，有美衣冠三四人，徐行过柳下为将入者。余忆之曰'何巨家'？以今言，则其学宫也。闻学宫有唐宋石刻、诸诗词，悉如外史所咏，此可游也，慧夫何迟迟？至正四年十二月十九日，永嘉李孝光季和序。"

张雨（1283~1350）

著名道士、诗文家、书画家。送瞿智时撰有《送瞿慧夫上青龙镇学官》一诗相赠：

<h2>送瞿慧夫上青龙镇学官</h2>

青龙江上古儒官，子为横经作士风。当户九峰春树隔，去家百里海潮通。

华亭好事笼盛鹤，楚刻名碑篆剥虫。信是青衫如拾芥，辟书已在荐贤中。

善行（生卒年不详）

吴地僧人。至正十年（1350），其诗赠：

<h2>送瞿慧夫上青龙镇学官</h2>

丈夫求仕非无术，只合明时作校官。弟子日来供茗饮，先生时坐取琴弹。

淀山春树檐前绿，谷雨秋风帐底寒。善舞不须愁地褊，才名行且属儒冠。

陈德永（生卒年不详）

字叔夏，浙江黄岩人。元代文学家。历官江浙儒学提举。工诗文。

送瞿慧夫上青龙镇学官三首

其一

仕宦去家百里近，文采照人当妙年。想见弹琴读书处，墙头春日荠花圆。

其二

江上春风日夜催，即看柳色上衣来。莫言美玉难酬价，定有黄金为筑台。

其三

人生岂不相逢早，异县倾心有弟昆。却恨客舟无意绪，豫先载我出吴门。

王冕（1287~1359）

字元章，元朝著名画家、诗人、篆刻家。诗赠：

送瞿慧夫上青龙镇学官

阛阓城郭东海近，沧江正尔连吴淞。只消放船七十里，不用过山千百重。
学子衣冠皆济济，先生事业岂容容。愧予白首成潦倒，春风安得此相从。

梁恂（生卒年不详）

送瞿慧夫上青龙镇学官

公道悬真赏，清诗见似人。衰年只遁迹，今日解伤神。
浩荡龙江晓，淹留雁频频。心期浑未卜，秋梦巳频频。

吕肃（生卒年不详）

送瞿慧夫青龙镇学官二首

其一

山雨潇潇夜转多，思君别后定如何。帷犀怪底时时动，池上东风生绿波。

其二

云影垂江护晏阴，题诗东阁晓寒侵。便须骑马迎君去，街上青泥三尺深。

钱惟善（?~1369）

送瞿慧夫上青龙镇学官

独坐高堂对春雨，碧梧飘湿凤皇翎。已瞻百里陪郎宿，尚许孤槎载客星。

把酒长年惟觅句，焚香终日只横经。我来十载今朝醉，一笑逢君眼倍青。

成廷珪（生卒年不详）

寄题松江青龙瞿睿夫通波草阁

五月通波草阁寒，绿阴长日此凭阑。山如碧凤参差出，江作青龙左右蟠。

榄子烧香云母火，樱桃行酒水精盘。老夫亦有鹅溪绢，也欲相从看写兰。

谢应芳（1295~1392）

元末明初学者。至正年间，兵乱南迁，筑室筱泾（重固镇北的一条河流）作《怀徐伯枢诸友》诗，描写民风淳厚、安静古朴的小镇风貌。

怀徐伯枢诸友

忆昨方卧疴，妻子呼避兵。扶持上轻舟，烽火照夜明。

问兵今远近，言围阖闾城。赖有风满帆，送我东南征。

三宿坐不寐，鹤鸣近华亭。晚泊青龙江，芦菔匝地青。

新知适相遇，留我居筱泾。土风颇淳朴，地僻鸡犬宁。

吾病日以瘳，客来能送迎。老瘦心自怜，或谓诗骨清。

比邻两三家，情亲若平生。园蔬日持送，酒壶时共倾。

对酒不能乐，艰虞未忘情。怀哉数君子，雨打水上萍。

飘零各何许？吾将寻旧盟。卖刀买黄犊，子孙共春耕。

奈何西枝西，炮石犹雷鸣。

图书在版编目（CIP）数据

考古·古港：上海青龙镇的发掘与发现 / 上海博物馆编 . —上海：上海古籍出版社，2017.4
ISBN 978-7-5325-8417-8

Ⅰ . ①考… Ⅱ . ①上… Ⅲ . ①港口 - 古建筑遗址 - 考古发掘 - 上海②港口 - 古建筑遗址 - 考古发现 - 上海 Ⅳ . ① K878.4

中国版本图书馆 CIP 数据核字（2017）第 060880 号

著作责任者：上海博物馆　编
主　　　编：杨志刚
策　　　划：陈曾路
特 约 编 辑：杨烨旻
装 帧 设 计：曹文涛

考古·古港：上海青龙镇的发掘与发现
上海博物馆　编
上海世纪出版股份有限公司　出版
上 海 古 籍 出 版 社
（上海瑞金二路 272 号　邮政编码 200020）
（1）网址：www.guji.com.cn
（2）E-mail：guji1@guji.com.cn
（3）易文网网址：www.ewen.co
上海世纪出版股份有限公司发行中心发行经销
上海丽佳制版印刷有限公司印刷
开本 787 × 1092　1/16　印张 9　字数 60,000
2017 年 4 月第 1 版　2017 年 4 月第 1 次印刷
ISBN 978-7-5325-8417-8
K · 2317　定价：59.00 元
如有质量问题，请与承印公司联系